明公啟示錄

范明公 易經 開講②

——從孔子《周易·繫辭傳》學習智慧超前布署

范明公　著

【作者序】

學易，學以聖人之眼看世界

通易的聖人，必能看出世間每個事物都是宇宙整體中的一部分，且一切都有其屬性，皆能與五行相對應。而五行相生或相剋的互動，會在事物之間建構出一種緊密關係，當你擁有了「聖人的眼光」，就算是「路邊看見一條狗」這樣稀鬆平常的事，也能憑藉事物間的關聯，進而聯想到自己的感情、家庭、事業，或是任何心中存疑之事。如同偶然中的必然，你心中所有的疑惑，一定在某種程度上與這條狗有所聯繫。這種在萬物間流轉自如、密不可分的聯繫，就是這本書要帶領大家進一步起修的關鍵。

學易要打好基礎。首先要起修的，是「以通神明之德」。

修習中華的智慧，無論是儒、釋、道還是中醫，一定得學會通靈、通神，才叫學到真功夫。而「以通神明之德」，即是「開天眼」，當天眼睜開後，才能見到神明、與之溝通，這是第一步。

至於該如何做才能夠「通神明之德」呢？那就得「有緣」，必須要有珍貴的機緣，遇到明師來點化、教授，為我們打開天眼，才可以和神明溝通。除此之外，必先「知天知地」，將天地定位，然後才可以用「以類萬物之情」把萬物融合成一個整體。

　　接著，要修習的是「以類萬物之情」，也就是將宇宙中看似紛繁、複雜且互不相關的萬事萬物，用八卦的概念劃分成八類的技巧。懂得如何分類，就能夠用更有智慧的眼光觀照萬物，只消一眼，便能知曉它的屬性，以及深藏在其中的五行生剋、消長轉化。「以類萬物之情」靠的是通曉「數」和「理」，因為天地萬物的運行都在數中，不是混亂的，可以經過運算得知。而在運算之前，最重要的就是「分類」。

　　在學易之前，萬事萬物在我們眼中都如碎片一般，每一個零散的部件都是互不相關的獨立存在。天上飄浮的一朵白雲、窗外那棵高聳的大樹，以及正專注地凝視這一切的「我」之間，必定存在緊密的聯繫。若是不學易，就絕對無法參透，只能把眼前所見視為單純的景致——我只是我，雲只是雲，而樹也僅僅只是一棵樹而已。用片斷的思維模式，無法「以類萬物之情」，山川大海、日月星辰、飛禽走獸……舉目所見全是碎片，掌握不了宇宙中萬事萬

物運行的規律，無法將之視為整體，就無法將這個世界按照規則、標準來進行「有序化」，更無法看出萬物奧妙與我們人生、家國命運間的關聯。

本書先談易學的重要性與內容框架，在建構了易學的思維模型後，便更進一步地探究〈繫辭傳〉中所傳達的萬物定位、天地動靜、有常無常、吉凶悔吝等概念。理解了天道在人間的作用規律，就能將易學智慧實踐於人生中，成就理想的自我。

聖人惜字如金，經典之所以成為經典，正是因為其中的每一個用字遣詞必定經過再三斟酌，沒有一個冗言贅字，字字恰到好處。將經典透澈理解也遠遠不夠，還需要在現實中馬上起用。

得遇明師，靠的是機緣，於此與各位讀者以文字相會，也是緣分！易學博大精深，不是一蹴可幾的功夫，雖說本書說的仍是「普傳」的概念，但旨在確切地傳達易學之妙、易學之實用、易學之不朽。望以此書作為敲門磚，讓更多仍在門外徘徊的人，能夠踏出入門的第一步，讓易成為通達中華文化之妙的無上智慧。

【作者序】　學易，學以聖人之眼看世界

第一章
易學的重要性

引領未來科技革命的契機

在深入了解易學之前，你是否也曾經誤會這門高深的學問，
以為它既僵化又無法與時俱進？
易學其實是門極其超前的學問，
只是現代人不知道如何於現實世界起用罷了！
若是懂得易，除了能知人善任，甚至還能引領科技的發展。
這究竟是怎麼一回事呢？
讓我們先來談談易學的重要性，
就能理解它為何是引領人類未來的明燈了！

第一節 掌握世間變與不變的規律

　　易是變動的，但其中仍有不變之規律。那麼，易在什麼情況下是變？什麼情況下是不變？宇宙中萬事萬物變化無常，即所謂「變易」；而「通神明之德」的方法只有一個、「類萬物之情」則是按照八卦將萬物分類……這些道理一定是「不變」的。至於該如何分類，當中就存在「相機」，而相機是時時刻刻都在變化的。所以，學易時既要掌握它的不變之理，又要掌握那變動的規律，如此一來才能應變與起用，將之運用在占卜上，去調理世間萬物。

☯學易能建立多元的思維模式

　　一再強調，學易，是建立一套全新思維模式的過程。建立易學的思維模式，對我們而言是極其重要的，因為只要擁有這套思維模式，就能脫離身為一個凡人的世俗狀態，進而昇華到不凡的境界。

　　不學易的人，就只能是普通的凡人。一般人在為周遭人物品評時，會有種慣性，馬上就會在某種標準下將人分為兩類，如喜歡或不喜歡某個人、對方是好人還是壞人等。用這種凡人模式的視角觀照世界、與各種人相處時，總是會認為，應該要多跟自己所判斷、認定的好人接觸，而不要跟壞人接觸。在這樣的判斷下，人際關係往往會衍

生出許多不必要的枝節或衝突，形成了各種巨大的人際障礙。但是，當人開始學易，為自己建立了一整套易學的思維，那麼，在看人的時候就不會只有喜歡或不喜歡、好人或壞人等，如此二元對立的判斷視角了。用學易之人的眼光看人，所看到的是八類人，其中已沒有所謂的好或壞，因為此時我們就已經從凡人的狀態中昇華了。

☯易中含有人際關係的應對之法

學易時天天都在練習如何將人劃分為八類，當練得爐火純青時，易學的思維模式就已形成；屆時，當我們一接觸到某一類人，腦海中立刻會出現相應的八卦屬性，將其劃分、歸類後，該如何與之應對，也就能了然於胸。這類人的偏愛是什麼？性情如何？害怕什麼？一旦將人分成八類後，每一類之間就會產生聯繫，彼此就不再是分散的碎片。劃分成八類後，所有的人都在一個整體中，相互關聯，相互生剋。

如「巽」屬性的人，五行屬性為「木」，有了五行，就呈現出生剋的關聯。舉例來說，在五行之中，金能剋木，所以金性人能剋木性人，也是木性人最害怕的類型。相生的道理也是如此，如木能生火，木性人能夠幫助火性人生發，所以木性人最喜歡、最想幫助的就是火性人了！而且，木性人是真的能對火性人有實質的助益，也就是

說，木性人是火性人的「貴人」。以此類推，就能知道水性人是木性人的貴人，因為五行中的水能生木，木性人做事要想成功順遂，那必須要得水性人相助。

　　一旦劃分出八類人，其中的五行屬性也隨之呈現，再將五行的生剋與乘侮（註）關係活用起來，就會擁有嶄新的思維。如此一來，當我們在待人、用人、處理人際關係的問題時，就能有一個立體且多元的理論體系，而不再是單憑感覺去判斷。

　　試想，為什麼有些人總是讓你特別喜歡？為什麼總是想幫助他？為什麼就算他犯錯了，你也捨不得罵他呢？相反的，為什麼有些人就是如此讓人生厭，就算他事情做得再好，你也不願意理會他呢？其實，這也與五行的生剋有關。人分八類，每個人都一定會被某一類型的人所剋，進而對其心生畏懼。例如，倘若你是木性人，那麼，金性人就能剋你、讓你害怕，所以就得遠離他；若木性人要找下屬或事業上的合作夥伴，那就應該去找水性人。遵循此理去與人互動，人際關係彷彿活了起來，就不再是光憑個人感受去下情緒化的判斷了。

※註：乘侮，指以五行「相乘相侮」的理論來解釋人體內的各個臟器之間互相影響、作用的病理概念。相侮就是「反剋」，而相乘則是「相剋太過」之意。

☯是敵是友？要看是生還是剋

由於不懂人與人之間的五行生剋，一般人往往會憑感覺去選擇合作夥伴或者下屬，所以容易在用人、選材的方面犯錯。要知道，若是沒有一個行之有效的理論基礎，單憑個人感受是不成體系的！因為「感受」、「感覺」是非常不可靠的。例如，若有人別有意圖且技巧高超地對你阿諛奉承、刻意討好時，可能會讓你產生對方「還不錯」的錯覺，因為人都喜歡這種被人重視、關注的感覺。相反的，當面對某個直接損害你利益，或者不贊同、不認可你的人，對方就會使你產生「不太好」的負面觀感。但是，識人可不能只憑感覺！

假設一個本性樸實又耿直的木性人，在職場上遇見了一個心思尖銳又心狠手辣的金性人，而金性人想利用木性人心軟的弱點往上爬，很可能又是送禮、又是讚美、又是阿諛奉承的。若這時木性人還不懂得遠離對方，或是看不透對方想利用自己，就容易對其產生錯誤的好感，傻傻地找他當夥伴、做下屬，到最後，也就難逃被金性人當墊腳石一般，踩著身體向上爬的命運。既然有些人的屬性能剋你，那麼你交給他辦的事，通常都不會有好結果。這就是人之所以要學易的原因，因為理解這種人與人之間的相生或相剋，對我們自身有著極為重要的意義。

　　學習如何按照八卦將人分為八類，這是為了「用」。除了要知道自己是哪一類人，也要知道別人的屬性分類，因為每個人都處在同一個體系中，所以能運用易的規律去判斷彼此互動的方法。這套體系建立在五行的基礎上，木、火、金、水、土這五行之間除了有相生、相剋的互動，還有旺、相、休、囚、死 (註) 的相互關係。如同前面所舉的例子，知道自己的五行屬性後，就能馬上對應出來「誰能旺我」與「我能旺誰」。當我們通達此理，進而分類出每一個屬性，同時知道如何對應五行，也理解了五行當中的旺、相、休、囚、死等對應與互動的關係，也就能靈活運用了。

　　當人學會了事物之間互相生剋的道理，在為自己找尋匹配的物件時，就會懂得該去找個「生我的」，而不能找「剋我的」。此外，多數人交友時會傾向於選擇與自己同類的人來往，但同類都會相斥，所以在尋找人選或挑選物件時，也該盡量找與自身互補的，而不是找同類的。

※註：旺、相、休、囚、死，即五行在不同季節中展現的各種狀態，由盛至衰分別為旺盛（旺）、次旺（相）、休眠無事（休）、衰弱氣虛（囚）、受剋而了無生機（死）。

易學人生金句

一旦劃分出八類人，其中的五行屬性也隨之呈現，再將五行的生剋與乘侮關係活用起來，就會擁有嶄新的思維。

☯事事仰賴選擇的智慧

　　而這五行生剋的學問，還能用在現實中許多地方。如果想要經營公司，一定要先有個明確的方向，包括要先釐清自己該選擇哪一種行業來發展？適合哪種行業？這之中也牽涉到「分類」，因為行業也分八大類，再搭配欲經營公司者是何種屬性，彼此相互對照，就有了事前參考的依據。真正地去學易，會發現它與現實的對應妙趣橫生，是非常有意思的一門學問。

　　人每天都在做選擇，可能是選擇該和誰接近、疏遠，也可能是選擇和誰合作、競爭，更可能是選擇該對誰付出真心、託付終身。由於萬事皆涉及選擇，所以只要學好易，無論是職場還是人際關係，各方面都能做出適當的選擇，人生中每一個抉擇的關口都能勝券在握、圓融無礙。這套選擇的學問，需要透過學易來養成。無論你天生情緒智商 (註) 多高，若沒有系統性地去學習易，那麼，在待人處事這方面的智慧，其實也只比普通人高不了多少。相反的，就算天生的情緒智商不高，但是系統性地學習了易，如此一來，在待人接物、處理人際關係方面的能力，就會比有天分的人還要高。

※註：**情緒智商**（Emotional Intelligence或Emotional Intelligence Quotient，縮寫為EI或EQ），簡稱「情商」，即人類情緒方面的智能，包含對自我與他人的情緒表達、調控與表現的能力。

第二節　易學的超前智慧

中華易學的智慧體系，西方根本理解不了，甚至只覺得易學毫無邏輯且虛無縹緲。其實，不光是西方有此偏見，就連許多華人也都覺得陰陽、八卦、五行生剋等理論禁不起科學驗證，根本就不存在。事實上，易學的智慧體系是種超前的科學，現代的科技就連傳統中醫的經脈、穴位、針灸等理論都無法詳盡解釋，遑論解讀陰陽、八卦或五行等易學觀念了。

☯易學在科技時代的困境

「解讀不了」的事物，不等於「不是科學」，不能這麼粗暴地下結論。現代人類的科學是以西方科技為代表，但其實當今所謂的「科學」也才發展了數百年的時間。西方從文藝復興到工業革命，從蒸汽機到現在的航空科技，短短兩百多年左右的時間，發展看似突飛猛進，但人類的科學在地球漫長的歷史中，仍處於非常幼稚的階段。而中華的智慧則是極其超前的，如果執著於用科學去驗證或者界定、評判先祖的這套文明，是不準確的，因為兩者之間差距甚遠。

當然，中華民族不能妄自尊大，也不能只一味自誇。難道西方的科學就不如中華的易學了嗎？這種說法也是不準確的。關鍵在於，中華這套文明體系在現實中到底有什

麼用？一個思維體系的「好」與「不好」，要以「是否有用」為標準來審視。中華的古老文明體系，對人類社會有指導意義嗎？能讓人們的生活更便利、更幸福嗎？這些問題都牽涉「實用」，而就現況來看，中華的智慧在實用上確實是不如西方科技的！西方科學、現代科技使得人類的生活更加便利，而中華文明帶給人類的則是心靈上的穩定、安樂與幸福。因為中華的文明趨向於與大自然和諧共存，甚至可以放棄「以人為核心」或者「以人的感受為首要目的」的觀念，不以人類自身的方便為優先。

☯ 「以人為核心」背後的危機

目前世界各國幾乎都以西方所提出的「以人為本」、「以人為核心」的價值觀為主流，這種觀念彷彿在數十年間就迅速滲透到了人類的骨髓中。現代科技總強調要讓人類的感受更加舒服，或是讓人類的交通、通訊等各方面更加便捷；但在這些「以人為核心」的訴求背後，人類不惜破壞大自然，不惜犧牲大自然中的其他有情眾生，只為了滿足貪念，使自身感到開心、方便和舒適。

但中華的文明對物質、感官上的享樂看得比較淡然，可說是將肉身的享受、對生活便利的要求等，都放在次要的地位，反而強調心靈的昇華、安樂以及幸福感。「和諧共生」是中華古文明的宗旨之一，這個觀念不僅是中華民

族的信仰，更是文明的根基，它的含義是人類不以「滿足感官需求」為優先，而是與大自然的飛禽走獸、花草樹木等各種有情之眾生平等共存、共榮共好。世間萬物共處在一個「大同世界」中，一榮俱榮，一損俱損，人類不能只顧自己的感受，而是要顧及到所有自然萬物的需求，這就叫「天下」，就是「和諧共生」。

　　試想，人類最終是要往哪個方向發展？當下地球遭逢生物滅絕、環境汙染等難題，已經被破壞得千瘡百孔；近年來人類才逐漸醒悟，為了力圖振作而一味強調環保，各個工業大國甚至因此互相指責或牽制。到頭來，這樣的「環保」訴求也只是虛耗與空轉罷了！這種無限發展的科學與科技，目的只是為了追求各種「以人為中心」的感官刺激與身體享受，在中華文明的觀念中，就稱為「物欲橫流」，最終會導致人類的心靈不斷地墮落。

　　正因為中華文明的思維體系中，包含了「萬物共存」的大智慧，在現在這個昏亂的世道，似乎成了唯一的解法。所謂的「文明」，要經過數千、數萬年的不斷傳承，使後代子孫能活得愈來愈好，與大自然之間的關係愈來愈和諧。現在的科技在古人眼中，可能會被視為「奇技淫巧」，畢竟古代聖賢是不允許人們貪圖感官享受的。舉例來說，冷氣機、飛機等設備，讓人能在炎熱的天氣中享

受舒適的溫度，或者能讓國與國之間的交通更便利，但是這背後的代價是極大的汙染，需要攫取地球許多的原生資源。為了讓我們在一個小房間裡感受冷氣的清涼，值得以向大氣中排放大量的二氧化碳來換取嗎？從中華古文明的角度來看，是絕對不允許這麼做的。

☯易是能重振世界的慢功夫

為什麼要學易？學這些古老的東西有何用？易學對人類有什麼好處？或許很多人會有此疑惑，畢竟中國現在的科技都趕不上西方了，與其花時間學易，倒不如花時間去好好研究奈米技術、基因，或是智慧型機器人等科技呢！細想其中，這些科技的技術與產物，可能在當下會讓人覺得便利，但最終卻都能把人類帶向毀滅。如同當年科學家研究出原子彈與核能技術，現在回頭看，核能豈不是如同在人類頭頂上綁了一顆不定時炸彈嗎？人類真的需要這個東西嗎？所以，不要一味想著現代科技的好處，我們不能只看眼前，因為當人類自取滅亡了，現在的所有國際競爭又有什麼意義呢？

還是得說，世界的希望就藏在中華文明的智慧中。中華文明與自然和諧共生的思維體系，已經良性地運行了上萬年，在不了解易學與中華聖人思維的前提下，別執著於以現代科學的角度去質疑、譏諷它！孔子之所以為聖人，

之所以成為各個朝代尊崇的至聖先師，必定有其得以不朽的道理。等我們真正學會了聖人的智慧，絕對受益匪淺；至於能不能學到通達的境地，端看個人的造化了。

在「人」這一方面，孔子也只舉了一些例子，而不是將每一個卦與每一類人逐一對比，否則就太多、太發散了。所以，在學習按照八卦屬性將萬事萬物分類的過程中，要注意，〈說卦傳〉中，無論孔子寫得如何詳細，也不可能將事事都鉅細靡遺地羅列出來。當我們學習、理解了易學的框架後，就要靜下心來去揣摩，因為學易最忌諱「急功近利」，不能要求「現學現賣」，不可能馬上學、馬上就能靠占卜來判斷吉凶。「速成心態」是現代人的通病，什麼事都求快，以為報名一個易學培訓班，頂多花個兩、三個月就能學會；如果學不會，便會輕易地放棄。但易是一門要慢慢研磨、要靜心、要感受，更要仔細觀察的學問。

☯知人善任者，必然懂易！

〈說卦傳〉中闡述人可分八類，說起來很簡單，但若是仔細去觀察周遭每一個人，就會發現，其實人人身上都具備八大類的特質。這就是一開始所說的，宇宙中的萬事萬物可以分為八大類，但是每一個生物或物體，都同時具備了八大類的特性。

如「火性人」的身上也一定同時具有八種屬性，只是他的火性最足、最外顯。火性太盛的人，金的屬性一定是弱的，因為五行中的火會剋金。而「火性很旺」又代表著，這類人適合從事公關、宣傳、推廣等工作，必定能做得風生水起；但是，受制於「金性較弱」的特質，火性人就不適合從事銷售、業務等相關的行業，因為火性剋金，而業務是要爭取訂單，要和同業競爭，所以必須去攻擊、侵入他人，以獲取最大利益。可見，什麼屬性的人適合做什麼事，這個分類的訣竅對用人唯才的現代企業來說非常重要。有時候某個人無法在現有的職位上發揮長才，可能不是他本身的問題，而是那些不懂得將易學智慧發揮在用人方面的主管，在安排與任命的方面出了錯！

因為每一個人身上都有八大類的屬性，那就要更仔細地去觀察，在顯現的八種屬性當中，某個人更傾向於哪一種屬性，也就是「哪一種屬性占的比例比較高」。這種「看人」的功力需要經驗，需要在過程中一點一點慢慢地學，必須先觀察人，之後再按屬性將其劃分。一開始肯定會有諸多的錯誤，甚至不知道如何著手分類，但靠著琢磨與研究，到了一定的程度時，必定會豁然開朗。

真正通達了易學後，是不需要用蓍草去排卦、測算的，正是所謂「知易者不占，善易者不卜」。屆時只需要

在與人接觸時稍微看看，就能知道對方的家庭狀況、身體有無病痛等資訊。這可不是什麼特異功能，而是學易之人的「神通」。畢竟這世間所有神奇之事，其中都必定有玄機，如同魔術背後一定有機關或訣竅能夠練習，而易學的神通也是經由學習而來。學易，就是先靜下來，慢慢去釐清最基本的理，當你掌握了其中的規律與真相時，就能了然於胸。

易學人生金句

「和諧共生」是中華古文明的宗旨之一，這個觀念不僅是中華民族的信仰，更是文明的根基，它的含義是人類不以「滿足感官需求」為優先，而是與大自然的飛禽走獸、花草樹木等各種有情之眾生平等共存、共榮共好。

第三節　易學的現代價值與未來效用

學易不是照本宣科就行，易學真正的智慧，其實大多是存在於書本之外的，必須靠自己好好地去理解、體悟。無論是再高明的易學老師，都不會逐字逐句地去講解經典，因為那些終究只是字面上的意思，其中的深意唯有靠你自己去看才能參透。而在此與各位讀者以文字結緣，最重要的，其實也就是「用」。包含佛法、道法、易學、傳統中醫等一切學問，我會說明它們該怎麼用，為各位解讀文字背後深層的含義，以及它在現實中要如何落地與運用，提供覺得自學起步維艱者一點學習的助力，這個才是真正重要的東西。

☯得了敲門磚，還得去敲門！

〈說卦傳〉以人為例，闡述了該如何以八種屬性去識人、知人與用人的道理。如果按照此理詳加觀察與研磨，用不了三年，把人都看透了，就儼然是個懂得知人善任的「小神仙」了呢！懂得看人後，接著再看事，也能將所有事情都分為八個屬性，之後再琢磨幾年，基本上就能將萬事給琢磨透了。若將事琢磨透了，就叫「奇門遁甲」；將人琢磨透了，就是「六壬神課」、「八字命理」；將物給琢磨透了，則是「太乙神術」。最終連星象運行的規律都能掌握。

這一切都有個步步深入、愈來愈透澈的過程。學易可不能只是按圖索驥、照本宣科，書本只是一個敲門磚，連門都不是！如果每天只埋首於研究那塊磚，而不去敲那扇門，又有什麼意義呢？許多人都想學中華文化中，境界最高的三個神術——測人命運的「六壬神課」、測事的「奇門遁甲」、掌握大方向趨勢與國運的「太乙神術」。這三門學問何其高深，並非只要買一本相關的書，然後根據生辰、四柱、八字去算，再對照歌訣就能得出結論，絕對不是這麼一回事！

真正的易該怎麼學？這個問題的答案，書本上並不會寫。因為書中那些天干地支、八卦相配的規則，都只是「數」而已，如果不懂其中規律，在現實中是運用不了的。現在坊間那些所謂的「易學大師」，誰敢說自己測算得特別靈驗、準確？誰敢真正開誠布公地去測算股市，不做事後諸葛亮？

如「世事洞明皆學問，人情練達即文章」一句，真正的易學、真正通達易學的數和理之後，應是如此的境界與狀態。將數和理通達了以後，就得放下它，不要再去過度地鑽研，應轉而去在現實中研磨，去觀察、分類、對應屬性，接著再去運用天干地支，以及五行的旺、相、休、囚、死等對應，學易就必須經過這麼一段漫長的過程。所

以，學易的時候，心態要擺正，千萬別著急。學會了，一定要在現實中慢慢地去研磨，才能真正發揮中華智慧體系的巨大能量。而就算真的成了「小神仙」，也不可忘記每一個神奇的事物，都是由勤學和苦練累積而成的，即「臺上一分鐘，臺下十年功」的道理。

☯用易來行人生的萬里路

占卜的最高境界，其實根本就不需要排卦！想達到此境界，必須要具備豐富的社會經驗，也就是那些無法由書本中得來的「真學問」、「敲門磚」。學了易的數和理，這叫「讀萬卷書」，若書讀得差不多了，接下來就必須走向社會，也就是運用這些觀念去做事，在社會中「行萬里路」。這「行萬里路」的意思，不是要求人去旅遊，而是必須去接觸人，要閱人無數。學易就是這三個階段：第一階段是「讀萬卷書」，第二階段是「行萬里路」，第三階段則是要「閱人無數」。在行萬里路的同時，要閱人無數，而在閱人的過程中，就能將先前所讀過的數與理運用在與人打交道。

但是，務必牢記，學易可不能學「呆」了！常人若是死讀書就容易讀成書呆子，空有學識，連基本的人情世故都不懂。學易也容易學成「易呆子」，整日埋首在易學的經典中，廢寢忘食地去排卦、背卦辭，但卻不能從最根本

處去理解當中含義,這樣有什麼用呢?上古的神創造易,是為了將易交給後世使用,不是讓人拿來死背的。

☯易能引領下一次的工業革命

如果將易運用在人事方面,就能成為一個知人善任的偉大管理者,使得人心折服;如果將易運用在科技方面,就能引領未來科學技術的發展。人類目前經歷了三次工業革命(註),雖然它們的發源都與中華文明無關,但是,未來的第四次工業革命,是依然發生在西方,還是有可能發生在東方呢?如果東方在第四次工業革命後還是趕不上西方,那還談什麼復興,談什麼崛起呢?反倒終將永居人後,甚至與西方相差得愈來愈遠。現代的科技已經逐漸走到了瓶頸,全世界都在期盼著第四次工業革命的爆發,如果應用科學再沒發展,那基礎的科學理論勢必得有重大突破才能往前。人類將何去何從?這時候,易就能為我們指引一條路。

接下來人類的科學研究方向,必是遵從易的引領,此時就是華人的機會了!中國也有無數的優秀科學家,若想

※註:三次工業革命,以十八世紀英國的工業革命為始,稱為「第一次工業革命」;十九世紀至二十世紀初發生的「第二次工業革命」,此時以發展電力的運用技術為主;二十世紀以降,則進入「第三次工業革命」,也就是「數位化革命」,以電腦、資訊、網路與核能等方面為發展重心。

在未來超越西方，就必須向中華的古人求取智慧，因為中華古文明本身就是極其超前的學問，如果能夠從中汲取智慧，並應用在現實的科技發展中，整個東方，甚至華人才有可能引領第四次工業革命，中華才真的有崛起、領導世界的機會。

先前曾提到，電腦的二進位原則與易有緊密的關係，而易對科技發展所起的關鍵作用，現在也引起了眾多西方科學家的關注。假以時日，說不定西方又能從易學當中推敲出嶄新的理論，引發第四次的工業革命呢！如果我們對易的態度一如既往，只覺得它是迷信，對它嗤之以鼻，反倒是西方科學家將其視若珍寶，那麼，就如同屏棄了中華原有的「神功」，放棄了原先在管理、識人、用人、科技、醫學等方面的大智慧，落得一無是處的下場，那是極其悲哀的啊！

☯洞悉萬物關聯，就能呼風喚雨

孔子在〈說卦傳〉中，煞費心血地列出了一百一十二種的卦象，當有了這些卦象，我們在看待萬事萬物時，就不再是零散的，而是一個整體，世間萬物就在其中相互聯繫。如果能掌握八卦的象，同時又能夠將事物屬性分類到位，那麼，整個宇宙萬有就如同「活起來了」一般，只要活了，也就能用了。

現代人都用不了易，不知道如何與人類、飛禽走獸、花草樹木打交道，只覺得溝通不了，彷彿自身之外的事物都是死的、碎片的、分散的、與我無關的。當我們學會了易，就會知道，其實一切與我都有關係，並且明白這種關係建立在什麼基礎上，就能與之溝通。例如，若想要天上落下雨水，就要去跟雲溝通；若想讓水患之地的大澇緩解，就要跟雨溝通，讓它能止住。

但是，一切當然並不容易！不過，世間萬有都仰賴易學為基礎，唯有認清到自身與萬物同為一個整體，才有可能與之溝通，才能夠呼風喚雨。就像我們與他人互動一樣，當彼此還不了解對方的時候，若是你要求他人做某件事，對方不可能如實照辦；但是，當彼此熟悉了，知道對方的秉性，就知道該用什麼方法請他答應自己的請求。同理，古代的道士、法師們，使出那些呼風喚雨、撒豆成兵 (註) 的法術，不全是傳說與神話，它們必有其原型，而背後就是這些易學的數和理。

在上一冊中我們認識了《易傳》中的〈說卦傳〉，接下來就要進入〈繫辭傳〉了！而根據《易經》的結構，〈繫辭傳〉分為上、下傳兩篇，各十二篇章。要學會解讀

※註：撒豆成兵，指撒放豆子以變成軍隊，是古代戲曲中常出現的一種法術。

《易經》，除了〈說卦傳〉外，最重要的內容就是〈繫辭傳〉。接下來就帶領各位讀者進入〈繫辭傳〉優美高妙的文字之中。

易學人生金句

如果將易運用在人事方面，就能成為一個知人善任的偉大管理者，使得人心折服；如果將易運用在科技方面，就能引領未來科學技術的發展。

032

第二章

從大衍筮法看〈說卦傳〉及〈繫辭傳〉

占卜、解讀、相信，重振中華的榮景

「大衍筮法」是最簡單的入門占卜法，

但是，解讀占卜的結果才是真正的難關。

想讀懂卦辭、爻辭等諸多「智慧密語」，

以揭示命運、預測未來，

必須要先理解〈說卦傳〉與〈繫辭傳〉。

中華智慧曾經位居中心、卓越超群，

與易有密不可分的關係。

在正式講解〈繫辭傳〉之前，

身處現代的我們，必須先試著去相信易！

第一節　占卜不難，難在解卦！

　　以簡單的「大衍筮法」作為學習占卜的入門，大部分的人都能一學就會，且很快就能得出卦、找到變爻，但其中真正的考驗在於如何「解讀」。而若要解讀卦，必須先從「卦象」著手。

　　解讀卦象，需要建立一套具有整體性的「易的思維模式」，不能用現代所謂邏輯性的、直線的、單向的、碎片的思維模式來看卦，否則絕對解讀不了。但是，該如何建立易的思維模式呢？這是現代人學易時的一大難題！

☯「測算」是學易的基本意義

　　在面對問題且需要深思熟慮時，古人的「形象思維模式」就是整體性的，而非邏輯性的、單向的、直線的、局部的、碎片的，所以對古人來說，「解讀易」這件事相對簡單，學易也相對容易。反觀，現代人基本上已經無法解讀易了，就算得出了卦也沒用，終究理解不了。當我們用現代的直線式邏輯思維去解讀易，就算認得每一個卦，懂得卦辭與爻辭句中的每一個文字，卻仍舊無法明白卦象的含義，更無法像古人一樣對其做出整體性的解讀。

當代的一些「易經大師」們，從哲學角度上，或許能滔滔不絕地講出許多易學之理；但是，若要就某些具體事項來進行測算，他們原則上幾乎都做不到，而且也不會想去做。如果易只是一種單純的哲學體系，沒有任何實用的測算、不具準確度，那就完全失去了學易最基本的意義。

易的目的，是為了替人們指引方向，或者協助人們對某事進行預測。易是種占卜之術，它不是哲學，不是用來「講道理」的。若是真要聽道理，大可以去讀《論語》之類的經典，而非讀《易經》。在此以文字引領讀者一起學習易，為各位講解易學，出發點並非使人在哲學意義上去理解易，因為那終究是徒勞無功的！

☯以無缺的思考模式來解讀卦

學易，首先要學的，便是使用「大衍筮法」來占卜。透過大衍筮法排出卦，將變爻找出來後，就能嘗試去解讀卦。那麼，該怎麼做才能看懂卦背後的含義？怎麼做才能精準到位地解讀卦？要想聽懂卦象的語言，就要透過〈說卦傳〉。

之前我們大概地解讀了〈說卦傳〉十一章的內容，在講解的過程中，其實也等於將易的思維模式一併說明了。

重點是，只要著手學習〈說卦傳〉，就要開始轉變固有的思維，改變自身原先單純的「邏輯思維模式」，轉而往古人那般的「形象思維模式」變化。

「邏輯思維」和「形象思維」最大的不同之處在於，邏輯思維是直線、碎片化的；而形象思維則是一種迴圈，也是一個圓，同時也是整體的。所謂的「重新建立一套易的思維模式」，並非讓人屏棄邏輯思維，而是除了保有原先的邏輯思維外，同時還要有另一套形象思維模式，如此一來，在看待事情、處理人間世事時，人的思維模式才是完整無缺的。也就是說，若只用形象思維或者邏輯思維，這兩種情況都是「有缺」的，稱不上圓滿的思考模式。

☯繫辭能連結看似無關的卦辭與爻辭

聖人在〈說卦傳〉中所告訴我們的，其實就是「卦象」。所以，必須一再地強調，解卦，勢必要從卦象上去理解。在八卦的每一個卦當中，又有八個卦，即所謂「二層卦」，八卦的八卦，也就是共六十四卦。而這六十四卦中，每一卦又代表什麼含義？要釐清這個問題，就要由卦象開始了解。

解讀卦時，不僅要了解卦象的含義，還要了解繫辭。而繫辭的「繫」是「繫繩子」的「繫」，「辭」則是「修辭」的「辭」。在沒有紙張可以書寫的時代，古人就將卦

和爻畫在竹簡上，一個竹簡上就畫一個卦。而周文王將上古流傳下來的對卦的解釋轉化成文字，寫在另外一個竹簡上，再將繩子繫在畫著卦的竹簡上作為注釋，上面的內容就叫「繫辭」。而周文王的第四個兒子——周公旦，他又在卦辭的基礎上，將三百八十六個爻辭給解讀出來，接著再將這些爻辭繫在每一個卦的爻上，一個卦有六個爻，這些對爻的解釋也稱為「繫辭」。由此可知，繫辭由兩部分組成，即「卦辭」與「爻辭」。

雖有聖人所作的注釋，但後人在試圖解讀卦辭和爻辭的時候，仍然是一頭霧水！因為乍看之下，這些爻辭與卦辭，似乎完全沒有邏輯性可言。可是，真的是如此嗎？

周朝以前的古文使用了大量的「單音詞」，而單音詞「一詞多義」的現象非常普遍，幾乎每一個單音詞都具有多重含義。若是將詞與詞羅列起來，時常會發現根本無法準確解讀古文，甚至對內容完全摸不著頭緒。況且，繫辭中的許多詞，所描述的都是一些不合邏輯的象，讓人難以參透。就連聖人孔子也是鑽研了一輩子的易，直到晚年，才在不斷研讀的過程中突然大澈大悟，明白了「原來易是這麼一回事」。真相是，每一個卦辭和爻辭之間看似無關，其實當中大有相關。

☯從神授的文明到落地的學問

幸有孔子大發聖人的慈悲之心，傾注多年心力，將他研讀《易經》的結果，用具系統性、邏輯性的文字標注出來，對《易經》的卦辭和爻辭加以說明，即〈繫辭傳〉以及〈象傳〉、〈彖傳〉、〈說卦傳〉、〈序卦傳〉、〈雜卦傳〉、〈文言傳〉等。因前三者都分上、下兩篇，所以共有十篇。而此十篇與易相關且由孔子所寫的文章如同「易的說明書」，又稱「十翼」。孔子的這項偉大功績，不僅幫助後人理解易這門深奧的學問，也讓易成為真正落地的學問，更提升了《易經》的地位，使其成為中華儒學的「萬經之首」。

要想，若是沒有孔子作傳，那麼，易就是神授的、天上的文字符號，常人勢必看不懂，就算是寫成了文字的卦辭與爻辭，一樣無法理解。正因為孔子傾全力研究易，並將其對易的解讀彙集成冊，後世的學易之人才能以此為基礎，在易學的領域進一步發揮，創造一個又一個的新高峰。自戰國時代以降，歷經秦漢、魏晉南北朝、隋唐，直到宋朝、明朝等，在這段中華歷史的長河中，文人志士們都深受易的影響，每一個研讀易並在易學範疇達到高峰的智者，都是受到孔子的啟發與引領。時至今日，我們生活中的每一個方面也都有易。

第二節　建構大腦中的易學思維模型

學習研讀易，必須要循著聖人的足跡，按照孔子所解讀、闡述的條理與方向，一步一步地往前走，這也就是為什麼我們要先從言卦象的〈說卦傳〉開始。理解易學的思維模式之後，接著就要進入學習〈繫辭傳〉的階段。

如同《易經》分為「上經」與「下經」，〈繫辭傳〉也可分「上傳」與「下傳」。首先要理解，〈繫辭傳〉不是卦辭和爻辭，而是對卦辭和爻辭的解釋和說明。

☯讓事物在易學思維中各歸其位

學易的順序，是要先學〈說卦傳〉，以求「知卦之象」，從立象開始，進而掌握易的思維模式；接著要學的是〈繫辭傳〉，目的在於藉此理解卦辭與爻辭所示之意，相當於參閱了「易的說明書」；而後再學〈序卦傳〉，即釐清「卦序」，也就是了解六十四卦順序的排列原則；按部就班完成前面各個階段的學習後，再學六十四卦的卦辭與爻辭。照此進程一步步去學，就能在過程中體悟其中的竅門，抓到學易的感覺。

舉例來說，用大衍筮法占卜得出了某一個卦，它在我們眼中就是一個獨立的碎片，無法解讀。由於一般人看

不懂卦辭、爻辭、卦象，也不明白卦序，就不知道這一個卦在六十四卦所構成的整體中，它處於什麼位置？又為什麼會處於這個位置？它所代表的象是何種含義？又為什麼是這個象？要知道，象在六十四卦的位置中，都是有意義的，都具有「說明」的作用，與人所要問、要查的事有著極深的關係。將以上問題釐清、通達了以後，形成了一套易的思維模式，再以這種全新的思維去看所得出的卦和變爻，就能歸納出一個具有具體架構與系統的內容。

又如同我們在看待任何一件事，或者去查證與任何一個人相關的資訊時，現在所看到的就彷彿是虛空中的一個「點」，由於它沒有任何的參照物，所以使人無從得知這件事或這個人的善惡、好壞、光明、黑暗等訊息。

而除了學習〈說卦傳〉、〈繫辭傳〉、卦序等「十翼」的內容，同時還要學會將四象、五行、屬性、天干地支、子午流注等種種因素加入，進行各方面的綜合考量；甚至還要將星象、地脈也納入考慮，一層一層地添加、建構，以形成一個系統性的、結構性的、整體性的思維模型。當這種思維在腦海中形成後，「看人」時，就相當於將某個人或某件事放進腦中所建構好的模型當中。某個人是處在我腦中思維模式的哪個位置？在這個體系下，那個我們所觀察的人，他的周圍全都是參照物，藉此就能知道

對方身處的階段、下一步要走的方向，以及他做出這種選擇的原因。

「看事」也是如此。當你要查一件事情時，也是將其放在你所建構的思維模型當中，知道它所處的位置，以此就能進一步得知它接下來的運行軌跡，或者在諸多因素的影響下，它會如何往前發展，甚至連最終結局都能掌握。屆時才能真正地解讀出這一卦或者這一爻，再結合要查的人或者事的狀況綜合考量，就能將事物完全看清。

如太乙神術、六壬神課、奇門遁甲……易的許多術，其實都是在大腦中「建立一套模型」。中華古人的大腦裡面都有這一套思維模型，且張口能言陰陽五行之理，甚至就算是尋常百姓都不說「大白話」呢！不過，現代的華人丟失了傳統的知識，轉而崇尚西方的科學，都沒有這樣的能力了！非常可惜。

易學人生金句

解讀卦時，不僅要了解卦象的含義，同時還要了解繫辭。

☯以易除去「拿來主義」的障蔽

只要是人，必定都想「預測」，無論是自己的命運，還是某件事的發展過程以及結果，每個人都想做有利於自己的選擇，這是人之常情。就算在現代學易非常困難，然而被易的神奇所吸引、對易感興趣的人仍然很多。但是，真正地想要修易，或者想去深究易的人卻很少，大多數的人只是對易「感興趣」罷了。

說到底，大部分的人並不想靠自己來學這種「預測之法」，只想著讓那些自稱「易學大師」的人去研究即可，只要在有事想問、心有疑惑的時候，再請那些大師來幫自己測算就好，多麼省事又方便啊！這就是現代人的心態，圖快、一味追求簡單，也就是一種「拿來主義」——馬上拿過來，立刻就能用。如此「只求結果，不管過程」的態度，使得現代人變得容易受騙，遇到疑惑急需解答時，常被那些或許只是想混口飯吃，或者是惡意行騙的「易學大師」騙得團團轉。

真正想學易的人少，能下定決心要學，甚而還願意去轉變自己的思維模式、真有機緣能入門的，那更是少之又少。社會風氣使然，現代人無論在哪一方面，全都圍繞著西方那套體系和標準打轉，就是要講求快、直線因果、非對即錯，事情不是失敗，就是成功，結果要一翻兩瞪眼。

但是，中華的智慧所呈現的是一個迴圈，對於事物成敗、好壞的評斷，絕對不是那麼非黑即白的。在中華的智慧體系中，有時候表面上看似失敗了，但這次失敗可能就是引導事情邁向成功的根基。也就是說，「失敗」一事本身還有更多元的意義，甚至可能會「因為失敗而成功」。

正因為事物本身的含義具有多元性，所以在審視任何問題的時候，都不能只看一時、一事、一人或一地。但是，現代人很難接受以這樣多元的角度來觀照世界，畢竟，要我們去轉變既有的各種模式，或者去打破行之有年的慣性，確實不容易！當你習慣快了，要你放慢腳步，豈是件容易的事？所以，終究還是那句——學易之人得讓自己「慢下來」，因為易是個「慢功夫」。這慢功夫可不簡單，但是絕對值得人去投注心力，一點一滴地開始起修。

☯先有「信」，再談「用」

易是種占卜之術，只要將易學到極致通達的境界，那麼，用易來占卜的準確率就是百分之百。如果用易占卜所得出的結果和現實狀況對不上，請不要去質疑易不準確，也不要否定所求出之卦，更不能因此覺得易只不過是迷信之術，對其嗤之以鼻。你只能質疑一點，那就是「我自己是不是沒學懂、沒解讀透澈？」唯有自己對易的了解不足，才會解讀錯誤、得出不正確的結果。

以「道術」來說，想要使用道術來處理問題，就要透過「符咒」。經由師父傳授與符咒相關的術之後，該如何正確地使用？最重要的，是需要先堅定地去「信」，接著才能談「用」。同理，學佛也是，因為學佛也有很多具體的方法和手段，但在用的時候，其所講求的其實都是一個「信」字。信則有，不信則無，學習萬事皆是如此，必須建立在「信」的基礎上。若始終不信、心有質疑，那就什麼都學不好。

對於「信」這件事的態度，西方的科學思維與中華大相逕庭。西方科學首先要求的是「呈現事實與規律」，然後才有所謂「信」或「不信」；而中華的智慧就是從信中來，要求人要先去相信，才能往下延伸。如中華古代的聖人都是遵循著「述而不作，信而好古」的原則，將「信」擺在第一位。而「信而好古」所指的，就是「只要是上古流傳下來的東西，就要先相信」，秉持著這樣的心態，接著再去學習、修練，不做任何的質疑。以「信」為前提，現代華人就不應該抱持著批判的態度去吸收、接納、領悟或解讀中華傳統文化。

現代西方科學尋找真理的方法，是建立在「不斷積累知識，接著再不斷打破並推翻固有知識」的過程，重視「批判」；而東方中華的智慧，必須要以認可和堅信為

基礎。時代的演進下，西方不斷地重複積累、打破、再積累、再打破……以這般的規律持續地前進；而中華的文明，一出現就是最高的，以動物來比喻，即是「大象」。現代人就如同「小螞蟻」一般，又怎能用小螞蟻的眼界去質疑大象的眼界呢？

想要由小螞蟻昇華為大象，必須先堅信易這套自上古流傳至今的智慧，並且虛心地、堅持不懈地用一生的時間去驗證它。切記，絕對不要用現代的思維模式去質疑易，一旦開始質疑，就學不了中華傳統文化了。

☯唯有時間能驗證真偽

或許有人會認為，必須以質疑與批判的思維來檢視中華傳統的學問，唯有進行科學性的驗證，才能分辨其中內容的優劣與真偽，進而取其精華、去其糟粕。還是老話一句，如果懷抱著這樣的立意，以批判性的觀點來學中華的傳統文化，只不過是浪費時間罷了。

既然談到優劣與真偽，那麼，我們可以進一步思考，自己究竟位於什麼高度？有什麼樣的視野與格局？如何能憑藉著自己的心量（註）去鑑定易這個體系的真假？糟粕

※註：心量，此指凡人的內心生起種種妄念，進而以自身的妄念去度量外在世界的各種現象。

或精華，凡人憑什麼去下判斷，並且確保自己能做出「正確」的抉擇呢？事實上，必須放下「自以為是」的觀念，不帶批判地去學中華的智慧體系，畢竟，學易，需要的便是理智、主動而客觀的思考模式。

世間任何一套智慧體系，對於其中內容的優劣或真偽，常人是判斷不出來的。唯一可驗證的方式，就是一段足夠長的時間，至少要花費五百年，甚至是一千年左右。唯有時間才能驗證智慧體系是否真的行之有效、符合客觀規律或者有其精髓。

現代西方科技引領全球，其所推崇的便是科學方面的觀念。自第一次工業革命開始，科學已經引領了全球將近三百年的時間。問題是，西方的科學體系，是否能再持續引領人類數百年呢？科學體系稱得上是智慧體系嗎？科學體系能符合宇宙自然的發展規律，並且讓人類的生活過得更好嗎？

以地球的現況而言，千年後人類是否還能存續？一切都還是個未知數。若再按照目前的科學與科技持續發展，可能在不到百年的時間內，人類文明就毀滅了、不存在了。如果人類在某種體系的帶領下，可能招致毀滅，就說明此體系不符合自然中迴圈、生發的規律，而是一套敗空、毀滅的規律。

細想，中華的這套智慧體系，從上古的女媧造人、伏羲一劃開天地為始，便創生了高度的智慧，至今已引領我們發展了至少五千年。所有華人在這一套智慧體系的引領下，生生不息地繁衍、發展，時間又何止五千年呢？易作為華人偉大的智慧體系，歷經了上千年的時間驗證，但是西方科學突飛猛進的近百年內，現代華人卻都不承認易的存在了！這般對易的推翻，是中華歷史上前所未見的。

易學人生金句

中華的智慧就是從信中來，要求人要先去相信，才能往下延伸。

第三節　找回中華智慧的中心地位

目前世界各國都在追隨西方所引領的現代科學與科技，反之，中華的傳統文明則逐漸式微，衰退的程度甚至是歷史上罕見的。如果中華的老祖宗、先聖們知道了後世炎黃子孫的現況，必定會氣憤地從棺材裡頭跳出來，恨不得掄起拳頭，狠狠地教訓我們。其實，只要知曉過去中華智慧體系的榮景，也就不難理解先聖們動怒的原因了。

🅔從「四夷所向」到「徒留其名」

大禹設九州（註），居住在這一塊土地上的人，就稱為「中土人」，而中土人所居住之地就是「中國」。中國土地上，得天之正道、循自然之規律，且能夠掌握大自然運行規律的這一批人，就是「炎黃子孫」。

至於國土之外的那些地區則被稱為「四夷」，而所謂的「夷」，指的是「尚未開化的民族」，他們不知道大道運行的規律與真理，沒有一套系統性的智慧體系在引領，所以被稱為「蠻夷」。當時，一直都是四夷之人向中土之人學習，學的正是這一整套的中華智慧體系，如此持續了

※註：中國古代分為九個行政區，相傳為大禹所分。雖各個先秦典籍說法略有不同，但後世提及「九州」一詞，多以《周禮》記載的「揚、荊、豫、青、兗、雍、幽、冀、并」九州為主。

數千年，中華的智慧便在潛移默化中影響著人類的發展。

　　看近現代的歷史就能發現，將近兩百年的時間內，西方憑藉第一次工業革命，瞬間就領先了中華。為此，由於智慧的中心轉移了，世界的中心也隨之轉移到了西方，先是西班牙，接著是英國，現在則是美國。中國失去了原先的中心地位，徒留其名，卻沒有實質上能勝過他人的東西了。西方才領先中國不到兩百年，看著別人船堅炮利，中華的炎黃子孫就開始背叛原先的傳統，將祖先已經運行了上萬年的智慧體系全都推翻，這才是真正的可悲！

　　所以，我們沒有資格去質疑，更沒有資格去評判，只能定下心來，好好地學習中華先聖的這一套智慧體系，進而去探究它為何曾引領世界數千年。以中華智慧為主流的時代，人類社會還那麼美好，沒有發生巨大的天災人禍，那麼，現代人又為什麼要否定它呢？

☯由盛轉衰的關鍵在於人的誤用

　　你或許會質疑，如果中華的智慧體系這麼厲害，曾引領了人類上萬年，那為何現在無論是科學還是科技，中華都完全不如西方了？而這一切都要歸因於宋朝以降的種種錯誤理解與應用，在那之後，中華文化的導向就開始轉變、沒落了。

　　西元一二七九年，蒙古大軍於厓山海戰一役滅南宋。

在那最後一場戰役中，南宋最後一任皇帝投海自盡，十幾萬的士大夫跟著投海殉國，而這十幾萬人就是真正能掌握中華傳統文化的精英，卻全數投海泯滅了。從那以後，中華由盛轉衰，就不能再稱為「中華」了，轉而成為妥協、軟弱、善於阿諛奉承和內鬥的「醜陋的中國人」。

因為人的錯解和誤解，有心人甚至刻意將這一套智慧體系的原意扭轉，局限它、制約它，只將它當成為統治階級服務的工具。所以，中華的智慧體系在近一千年間逐漸走下坡，問題不在於體系本身，而是人——即宋朝以後的中國人。南宋後，當時中國的精英階層不存在了，之後所謂的精英階層、統治階級，都不是代代相傳下最正宗、最傳統的那一批，且都已不具備掌握這套智慧體系的能力。

世間人、事、物的發展，都有高峰與低谷。中華的智慧體系在漢朝至唐朝時達到巔峰，後面到了宋，自然就開始衰微了，前景可說是愈來愈黑暗、愈來愈背離其原有的精髓。如此頹勢持續了近八百年，直到西方開始了工業革命，中華已經連跟上腳步都嫌困難，更別談超越了！

❷東西方的交叉與分歧

西方自中世紀文藝復興以後，由修道院為中心，開始向外傳播知識，逐漸形成「大學」這樣的教育機構，而

那種學術自由、對宇宙自然以及科學不斷探求的風氣，就一直延續到現在。八百年前，無論政治體制是民主還是獨裁，西方政府從不限制學術，也不強制統一思想，更不壓制民眾對自然科學的研究。至今西方也積累了將近一千年的底蘊，所以在工業革命時，他們的實力可以瞬間爆發。

反觀，中華經歷了漢唐的最高峰後，就開始不斷向下衰退；宋以後，中華土地上的政權，對思想、文化、信仰等方面大加打擊與限制，使得中華完全不可能再有什麼創新或創造了。而此時西方正不斷地積累實力、逐步向上，於是在工業革命這個時間點上，東西方兩條線終於交叉，中華持續向下，西方則繼續突飛猛進，最終走上截然不同的方向，拉開了這兩百年的差距。

從醫學方面來看，現代的西方醫學，當然比目前的中醫厲害。但是，距今兩千五百年前，中華的醫學經典《黃帝內經》就已出現，那時的中醫就有如望聞問切 (註)、脈象等諸多診斷方法，而且一直沿用到現在。雖然現代人都推崇西醫，但是，西醫要仰賴各種儀器進行診療或化驗，一切都離不開儀器；相對而言，中醫若要看診，則不需要

※註：「望聞問切」為望診、聞診、問診、切診此四者的合稱，是中醫診斷患者疾病的四種基本方法。望診，指「觀察病患外在」；聞診，指「聽病患所發出的聲音，或聞其散發的氣味」；問診，指「詢問病患身體狀況、病史等相關資訊」；切診，指「以手把脈或接觸病患身軀」。

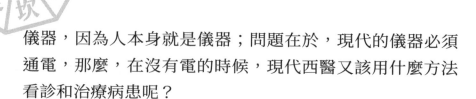

儀器，因為人本身就是儀器；問題在於，現代的儀器必須通電，那麼，在沒有電的時候，現代西醫又該用什麼方法看診和治療病患呢？

所以我們不能盲目地一味崇拜現代科學，雖然西方確實有其先進且難以超越之處，但是中華也不必妄自菲薄，不須崇洋媚外，而是要重新專注在發展自身的傳統，將老祖宗的智慧體系找回來，並好好研究。再者，更要結合東、西兩方的智慧，一方面求勝於人，但是也絕對不能忘了自己的根本。

❂端正心態，放下質疑，拒絕盲從

在講解〈繫辭傳〉之前，之所以要花這麼大的篇幅說明上述這些，是因為現在仍然有許多中華的年輕人，雖對上古的這套智慧體系感興趣，卻「心態不正」。所以，此處所言，是針對「擺正心態」一事來講的。當我們自己什麼都不是的時候，千萬不要擅自批判上古聖人所流傳下來的智慧，否則這種莫名的自以為是，不過是讓自己顯得更加愚蠢罷了。

請銘記，學習中華的文化，要「述而不作，信而好古」。先從「信」做起，若是不信、心存質疑，就別再浪費時間學了！

真的需要如此偏激嗎？本書似乎只顧著說中華好，老王賣瓜，自賣自誇的。然而事實是——矯枉必須過正！

此處並非一味抨擊西方的歷史、文化與文明，而是針對那些否定中華傳統的智慧體系，或者抱持著質疑與批判來學中華智慧的人群。畢竟我也是修道之人，而修道之人最講究平衡、不偏激，以佛法來說，就是「二邊不著」，為人處事都取中道，不走極端。佛講「中道」，儒講「中庸」，道講「平衡」，其實東方與西方各有所長，它是平衡的。此處某些略顯偏激的言辭，是針對某些過度看重西方、盲目崇拜科學的人，並非無條件地反對西方，絕對不要誤解。

一個智慧體系的對或錯不是當下就能判斷的，在自身高度不夠、能力不足的前提下，既不能妄自質疑中華的智慧體系，也不能擅自否定西方的科技，一切都應交由時間去驗證。可以確定的是，中華這套體系已經良好地運行了上萬年，通過了歷史的驗證；西方的現代科技才剛開始運

易學人生金句

以中華智慧為主流的時代，人類社會還那麼美好，沒有發生巨大的天災人禍，那麼，現代人又為什麼要否定它呢？

行近兩百年，還沒有經過時間的洗禮，現在仍不能判斷它的是非對錯，不要擅自下結論！當然，也不能僅從一時的表象上來判斷對錯。學易之人，要本著一個心態——不做判別，只要想著「學」，並且就從「信」開始學。

第三章

從〈繫辭傳〉看《易經》的架構及精神

《周易‧繫辭傳》第一章（一）

想通達深奧又高妙的《易經》，

一定要先理解〈說卦傳〉與〈繫辭傳〉！

〈說卦傳〉是解讀卦象語言、與神溝通的工具，

而〈繫辭傳〉則是孔子對《易經》潛心鑽研後的心得，

學易之人必須通達〈繫辭傳〉，

才能準確地解讀卦辭與爻辭。

接下來就一同進入〈繫辭傳〉的思維框架中，

探索易學的內容與作用，

以及它獨特的精神世界！

〈繫辭傳〉第一章　全文

【天尊地卑，乾坤定矣。卑高以陳，貴賤位矣。動靜有常，剛柔斷矣。方以類聚，物以群分，吉凶生矣。在天成象，在地成形，變化見矣。

是故剛柔相摩，八卦相蕩，鼓之以雷霆，潤之以風雨，日月運行，一寒一暑。乾道成男，坤道成女。乾知大始，坤作成物。乾以易知，坤以簡能。

易則易知，簡則易從。易知則有親，易從則有功。有親則可久，有功則可大。可久則賢人之德，可大則賢人之業。易簡而天下之理得矣。天下之理得，而成位乎其中矣。】

第一節 〈繫辭傳〉的特色與作用

〈繫辭傳〉注重闡揚《易經》的哲學意義，使《易經》從具有「占卜」方面的價值，進而提高到富有「哲學理論」的層次，乃至於最終成為「群經之首」。

☯解碼卦辭與爻辭的工具

〈繫辭傳〉可說是孔子讀《易經》之後的心得，專門用來解釋《易經》。若要學會解讀《易經》，除了〈說卦傳〉之外，〈繫辭傳〉是最重要的內容，如果沒將它學通，就讀不懂卦辭與爻辭。

〈繫辭傳〉是根據《易經》的結構而分為上、下兩傳，後來又被現代人各分為十二章。其中，〈繫辭上傳〉是由第一至第十二章所組成。〈繫辭傳〉全文約四千多字，不僅辭藻優美，且意境高妙又深奧，自古以來，凡是學易者，無有不尊崇〈繫辭傳〉的。只不過，古文沒有章節之分，甚至連標點符號都沒有！所以古文章節的劃分，可能因為每個人的理解不一，而有不同的斷句。就如現在的白話文章是用「標點符號」來斷句，古人則是用「之、乎、者、也、矣、哉」等字。

接著就進入〈繫辭傳〉內容的釋義與了解。由於〈繫辭傳〉的第一章旨在說明聖人作《易經》的根本，示意人們該如何身體力行《易經》的實學，所以在此會將其分為許多章節來細細講解！

易學人生金句

若要學會解讀《易經》，除了〈說卦傳〉之外，〈繫辭傳〉是最重要的內容，如果沒將它學通，就讀不懂卦辭與爻辭。

第二節　《易經》的內容框架

【天尊地卑，乾坤定矣。卑高以陳，貴賤位矣。動靜有常，剛柔斷矣。方以類聚，物以群分，吉凶生矣。在天成象，在地成形，變化見矣。】

在這一段文字中，我們先把其中的「定、位、斷、生、見」五個字解讀通透，基本上也就能明白其中含義了。事實上，〈繫辭傳〉第一章中的這一節雖然只有短短四十八個字，但孔子藉此便闡述了《易經》的內容框架，也就是「規律」。

✐用易改變先天模式

宇宙自然的規律，首先是天地定位，接著才有乾坤，也就是萬物生成。在這乾坤之中，萬物有高或低的等級之分。當等級確定了，在陰陽的作用下，萬物就有了動靜、剛柔的節律，接著就會按照「物以類聚，人以群分」的規律去運行和發展。

當萬事萬物成為有形之物而出現時，都會經歷成、住、壞、空的過程，而且，舉凡有形之萬物，皆是「先天」決定了「後天」。比如說一個人，他的一生是平安順利還是磨難重重？他的人生結局是獲得善終還是下場淒

涼？這些差異其實在先天就已經被決定了。也就是說，在一個人出生之前，他這一生的命運，從開始到結局，早就已經決定完了。

那麼，這一切豈不就是「宿命」了嗎？你可能會想：「為什麼在我出生之前，我的命運就被決定了呢？我的命運應該是要掌握在我自己的手裡、由我把握的，誰又能夠代替我決定我的命運呢？」

是的，你的命運是由你自己決定的！只是，早在先天的時候，也就是在你一出生時，你一生的命運就被你自己決定了！

所有人在出生時，就已經有了自己的「模式」，而此「模式」就決定了個人的命運。所謂的「模式」包含「思維模式」和「行為模式」，你有什麼樣的思維模式，就注定了你有什麼樣的行為模式；你有什麼樣的行為模式，就注定了你會做出什麼樣的判斷和抉擇。也就是說，在面臨同一個問題的時候，樂觀開朗、積極向上的人，也都是從積極、樂觀的方面去思考；而天生思想負面的人，其所思考的方向及最終的選擇，一定和樂觀向上的人不同，甚至是完全相反。所以，你的命運其實在你出生之前，或者從你出生的那一刻起，早就已經被決定了。就像筆記型電腦搭載著軟體出廠時，可能出現的程式錯誤、運行效能、使

用期限等細節早已被決定，只是將它買下的人，自認為使用才剛開箱的新機就等於從零開始而已。

當我們學懂易，就可以測出一個人的命運。舉例來說，透過生辰八字，能夠算出一個人的命運走向，這就叫「運籌」。此外，透過運籌，更能算出某個人的流年大運。如哪一年開始起運？哪一年會走背運？哪一年有桃花運？哪一年有財運？哪一年有官運？哪一年可能生病、有血光之災？這些問題的答案，都能藉由運籌而推算出來。如果碰到善於使用鐵板神算之術的易學高手，甚至還能將他人的一生際遇完整地測算出來，算得精準的，就連你未來配偶的姓名都能算出來呢！這都是在每個人的人生規律和真相中籌策得出的，因為在每個人出生的時候，命就已經定了。

但是，話雖如此，卻有一類人的命運無法被測算出來——修行人。畢竟，當某個人開始修行，那麼，他的命運就不再是按照原先的規律來發展了。對於修行人而言，開始真正的修行時，先天決定好了的命運就已經在改變了，而這也就是為什麼人必須修行的原因。當自我的修行開始，就等同於開始去改變自身的思維模式；當思維模式變了，行為模式也就跟著變了。只要模式一變，我們每一天做的決策就會與以往不同，因為面臨選擇時所考慮的要素

與觀點改變了，選擇的方向便不一樣了。而種種決策的轉變，也就造成了先天命運的改變。

☯修行要修入心之法

當然，並不是所有的修行都會讓命運變好，反而有的人愈是修行，命運就愈是糟，還不如不修行呢！現在眾多的所謂「修行人」中，大多數都是「愈修越糟」的那一類，只有少部分的修行人，命運能夠隨著修行的深入而愈來愈圓滿、愈來愈無缺。一切肇因於大多數的修行人「修錯了道」，也就是「修邪」了，所修的並不是正道。如果修邪了，那還不如不修了呢！就算是平凡地、踏實地做個平時多行善的好人，就算不修行，也好過因為修錯了而愈修愈糟。

但是，光是做善事，也絕對無法改變既有的命運！因為「做善事」並不代表「修行」，兩者是截然不同的概念，而「修行」並不是單純地要人常「做善事」。做善事可以增加自己的福報，也就是種了善因，後面就會得到善果；但是，善果是今生可得還是十年後可得，又或是下輩子才可得？這是不一定的。

修行是什麼？修行就是透過「入心」、「調心」去改變自己原先的模式。並非只要天天做善事幫助別人，就能

改變模式。真正的修行必須學會「入心」的方法，也就是要知道如何進入自己的內心，去看到自己原有的模式，接著再去改變它，這個才叫「修行」，走的才是正道。

現在有很多人自詡天天都在修行，以為自己每日不懈怠地打坐念佛、行善積德、吃素禁慾就是在修行了。更甚者，自以為天天刻苦精進、勤讀經典，就能改變自己的命運到「連命理大師也算不出」的境地了。

事實上，說到「讀經典」一事，現在有幾個人能真正讀懂經典？如果原地不動、打坐念佛就是修行，這樣說來，能安安靜靜、保持不動的烏龜豈不是更會打坐、更善於修行？但就算如此，烏龜也沒成佛！可想而知，修行根本就不是這麼一回事。

所謂「真正的修行」，是我們要懂得反觀自己的內心——也就是「觀心」。除了透過觀心去看到、觀察到自己內心所呈現的狀態，還要能找到內心諸如恐懼、退縮、疏漏，或者固執於錯誤知見等問題。當我們發現心被惡業糾纏、被外力侵占，才能認清心中的業障和障礙。修行是需要方法的，即要有「觀心之道」，能運用觀心之術真正反觀到自己的心，進而去發現心中問題，並且找到相應的方法來調整、化解，如此一來，個人的模式就能改變。當模式澈底地改變了，自身的命運就能完全轉變。

換言之，人若是不懂得反觀自己的內心，無法掌握入心之法，那根本就不算懂得修行，更不能稱之為「走上修行之路」，所以打坐和念佛都不算是真正的修行。絕大多數人在沒有明師引領的狀況下，每日勤讀佛經、打坐、吃素……做一些「自認為是好事」的事來修行，但其實已經走上了入魔之道而不自知！以為自己能愈修愈圓滿，結果現實中的不幸和磨難非但半分不少，甚至比以往更多。更甚者，可能還會不明就裡地覺得這是修行路上的自我考驗，非常可悲！

❷易的真理，先顛覆後重建

在〈繫辭傳〉中，孔子所闡述的是「規律」，教人看見並且理解這個智慧體系的框架和理。但是，具體的觀心之術，也就是反觀自己內心的方法，孔子卻沒寫在其中，因為真正的術需要「密傳」。在此，藉著文字，目的就是要能「知其理」，因為通達易學之理是很重要的！如果理不通，無法以理為基礎，就不知道什麼是天道和規律；如此一來，就算得到了入心之法、觀心之術，看見了自己內心的樣子，也看不懂且解讀不來。此外，如果理不通，就不會知道該如何去調整決策、改變命運。可見理和術是相通的，兩者都得學會。

或許有人會認為，等到遇見明師之後再學理，應也

不算太遲吧？但是，要知道，學理是種「慢功夫」，是一段改變固有認知、重建全新知見的漫長過程，因為所有的「理」，即「真理」，都是「顛覆性」的，否則就只是大眾之理，那就不是真理了。若想著遇到明師之後再開始學習，起步就太晚了！

常人如果不跟隨聖人去學、去修行，基本上所有的知見都會是錯的。錯在哪？大眾的知見，也就是常人自認為正確的一切，其實和宇宙自然的客觀規律並不相符。所謂「大眾的知見」，在佛法中稱為「凡夫的知見」，它可能是「偏見」或是「邪見」，不正，都是錯的！而錯誤的知見，就是一般人的人生之所以過得苦難重重的原因。思考一下，你覺得自己的知見與觀念是對的嗎？你對他人的看法是對的嗎？你對事物的看法是對的嗎？你的學習態度是對的嗎？你的決策一定是對的嗎？如果這所有的問題，你都能保證自己是對的、正確的，那麼，你的人生已稱得上是非常圓滿了。反觀，如果你的人生還有許多的缺失，可能是與人常起衝突、生意失敗、工作不順利、經濟拮据、受人陷害等，讓你感慨世道與人心險惡，而這麼多的問題，追根究柢，真相只有一個——你自己有問題！

要檢視問題出在哪裡，首先要確認「知見」。如果對宇宙自然的認知是錯的，就無法知道真相，所以我們必須

向聖人學習這些真理。聖人之所以留下經典，就是為了要向後世傳達何為真相。而這些聖人所示的真相，對於常人當下自以為的一切而言，基本上全都是顛覆性的，也就是說，凡人的知見從根本上都是錯的！千萬別自作聰明。

☯讀入心的，都該是聖人留下的經典！

一般人總認為，自己在社會上打滾多年，好像積累了很多的知識與經驗，也擴充了豐厚的人脈資源及人生閱歷，但事實上根本不然。因為，就算讀了萬卷書又如何？重要的是，必須搞清楚自己所讀的是什麼樣的書。舉例來說，有人或許讀了許多的白話文作品，可能是現代文學、當代小說、西方哲學等，然後就自詡為讀萬卷書的博學之人了，但是，這個人有從中得到任何學問與智慧，或者得到揭示宇宙自然的真相與真諦嗎？讀的書再多，也不等於成為了真正的博學與智慧之人，我們必須讓自己澈底「回爐」，要完全地脫胎換骨。

所謂的「萬卷書」，說的是聖人所留下來的那些「經典」。也就是說，我們要讀萬卷的聖賢之書，而一切的真諦、真知、正見都在經典當中。經典是中華民族的古代聖賢們，在完整掌握了整套智慧體系後所編著而成的。聖賢們透過這些經典來告訴後世子孫，按照這些內容去學準沒錯。經緯是不變的，是恆常的，無論人類的時代如何變

遷，永遠都不會隨之改變。經典之所以為經典，正是這個原因。所以，我們需要讀經，而經以外的書籍可能充滿了大量的錯知、錯見、錯觀念，務必少讀！錯誤的知見只要讀入心了，難免使人的觀念受到誤導，甚而可能深深地影響命運。

許多人都愛看武俠小說，那裡面建構的世界是義氣血性、情義無價的江湖，讀者都想像著自己就是叱吒武林的大俠，但是現實中又有多少人一輩子就被「義氣」二字所害呢？又如懷春的少男少女，幾乎都曾經中過言情小說的毒吧？對小說中描述的情感上癮後，不知不覺中，到了成年後仍然難以放下這種不切實際的期待，按著言情小說裡的標準去尋覓伴侶、建立關係，卻又總覺得現實中的一切不夠浪漫，不甚滿意。其實，人的內心就在這無知中被毒害了！畢竟，無論是武俠小說還是言情小說，這些東西都不究竟，讀得愈多愈是容易出問題。別以為自己讀過不少

易學人生金句

所謂「真正的修行」，是我們要懂得反觀自己的內心——也就是「觀心」。除了透過觀心去看到、觀察到自己內心所呈現的狀態，還要能找到內心諸如恐懼、退縮、疏漏，或者固執於錯誤知見等問題。

書，行了不少路，見多識廣，人脈閱歷皆豐厚，似乎就能以此總結出一套又一套的人生規律了。實際上，這些總結出的所謂規律或經驗是不究竟的。

而經典中的一句話，就能將所有的真相、真諦或規律給立體地、完整無漏地列出來。經典當中的一切，不是古代聖賢們憑著代代相傳的經驗積累而成的，而是上古神授的智慧文明，也就是神所傳下來的智慧體系。經典就像大海一樣，深不見底、深不可測又浩瀚無邊。對經典有怎麼樣的認知，就能學到怎麼樣的程度。能將這套智慧體系學得多深，完全取決於我們自己。所以人的一生一定要養成學經典的習慣，如現在所學的《易經》、儒家重視的《孝經》等，都是經典。

少看那些無病呻吟的「閒書」，當中也包括了所謂的「歷史書」。常人都被那些標榜著所謂「以史為鑑」的書籍誤導了，誤以為多看歷史書就能明白事理、看出世間真相。其實，所謂的歷史，就如同穿著一件大棉襖或防護衣，是看不透其中真相的。現代人大多就連當下發生了什麼事都不知道，又怎麼能看得透古代的歷史？如同當下的中美關係，這不是歷史嗎？為什麼川普會輸掉大選？政治的背後有怎麼樣龐大的算計與交易？真能看得明白嗎？透過歷史書，僅能學到一些浮於表面的陰謀詭計，當中含有

真相或真諦嗎？如果沒有，那就少將自己寶貴的時間浪費在這些閒書上面吧！

第三章　從〈繫辭傳〉看《易經》的架構及精神

第三節 易的精神追求

平均而言，人的一生總長大概是三萬天左右。假使能活到一百歲，一生就等於有三萬零五千天的時間，其中睡覺、吃飯占掉一半，也就剩下一萬多天了。在這一萬多天裡，上廁所、閒來無事、發呆放空的時間又占去了至少一半，如此一來，剩下的一萬八千天又減半到九千天了。那麼，這九千天應該如何規劃？

☯與經典並行，成就有效的人生

相信大多數人都是得過且過地，將日子一天天混過去了！因為多數人對自己的人生是沒有規劃的，到了生命要終結的時候才發現，這一生沒將精力用在鑽研任何一門學問上，也沒用於學習任何一種技能上，一生毫無成就，真是可悲！

少數的成功者，對自己的人生往往就有很好的規劃。「天上不會掉餡餅」，沒有不規劃就能成功的人生。若單純想做好一件事，就已經十分不容易；若想更進一步成為某一方面的專家，勢必更為困難。所以，在有限的時間內，我們要好好去規劃，從現在開始，除了自己在工作、學習方面的本職之外，還要多拿出一些時間去看、去誦讀經典。跟經典在一起，能讓人生成為「有效」的人生。經

典裡面記載的都是真理與真諦，就算沒有明師帶領，也要憑己之力去看，能看多少是多少。不要將時間花在那些吃吃喝喝、耽誤人生的應酬上，而要真正有效地利用在修練自己的內功上。

要想改變自己的命運，只有一個方式，那就是去「改變自己的模式」。發自內心真正改變自己的模式，樹立正知與正見，固有的思維模式改變了，行為模式也會隨之改變。當人生走到盡頭，物質生活如何其實早已不重要！闔上雙眼時最關鍵的事情是，回想自己這一生，境界有沒有提升？心靈有沒有趨向於圓滿與充實？

🌀屏棄肉身享樂，追求心靈提升

絕大多數的人都將時間花在「追求肉身享樂」這件事上，但是，人的肉身其實是「虛」的，生不帶來，死不帶去。生前所住的豪華別墅，在人死後化為一把骨灰時，還有任何意義嗎？人生頂多幾十年光陰，確實要懂得享受生活，但是不能把所有的精力都只放在不擇手段地追逐夢想、享受美好的生活上頭。當我們無盡地、單純地去享受，一生就僅僅是為了肉身的享樂而過，那就真的是白活了！當這樣的一生過去，心靈層面沒有任何提升，也沒有更加趨向圓滿，那就等於自我固有的模式一點都沒改變。如此一來，無論下輩子投胎成人還是畜牲，你還是你，一點都沒變，一切一如既往地再次進入無限迴圈中。

避免重蹈覆轍的關鍵就在於「學習經典」，我們要心中有聖人，因為聖人掌握的是宇宙自然的規律及正知正見，也就是佛法中的「佛知見」。佛如何看世界？佛如何看待人和人之間的關係？佛如何看待人類一生的時間應該用在哪裡？佛法中的這些課題，也都是在引導人樹立正知正見。

☯肉身會消滅，精神能永存

透過儒學經典的「十三經」，孔子除了告訴後世應該如何做人與做事，也說明了該傳承什麼，以及如何去傳承。若能做到內在靈魂的提升與圓滿，當人的一生結束時，儘管肉身消滅了，但是精神卻能常在。例如聖人孔子，他早在兩千多年前就過完他的一生，肉身早已消逝，但是他的精神和思想卻能永流傳，至今仍不斷在鞭策、引領著中華的炎黃子孫，後世絕對不會遺忘。立德、立功、立言等三者，孔子都做到了，這樣的他，在身後仍然讓後代子孫持續受益。

像孔子一樣，能立德、立功、立言，在人生中有所作為，才是真正的價值，才是人一生中真正的終極追求！當我們閉上眼睛那一天，回想過去，發覺自己精神的提升沒有受到物質干擾，這一生沒有白過，且眾生因我而受益，因我而變得更圓滿，如此一來，便會心安理得，自己的心靈與精神也圓滿了。

聖人所說的一整套智慧體系都包含在易中，所以我們要將易的概念清楚地植入腦海。以下內容將會把〈繫辭傳〉的第一章拆成數段，並且一字一句說清楚、講明白，讓大家能夠完全了解易的智慧！

易學人生金句

若能做到內在靈魂的提升與圓滿，當人的一生結束時，儘管肉身消滅了，但是精神卻能常在。

第四章
在《易經》中確認萬物定位
《周易‧繫辭傳》第一章（二）

〈繫辭傳〉開篇先談「尊卑」與「定位」，

透過對萬事萬物的等級劃分，

使人理解到易學所強調的「尊卑有別」、「萬物不平等」，

對現代人而言必定是極大衝擊！

這一章所要探究的，便是這看似「不平等」的天道，

當中究竟有什麼深刻的含義？

當階級區別的概念作用於人世間，

又會產生哪些意想不到的效果呢？

第一節　開宗明義從天地講起

【天尊地卑，乾坤定矣。】

在這一章中，所要關注的，就是「定」字。

天地定了，天下才能長久。而要「定」之前，必須先將天與地分清楚，天地分好了，乾坤才能定下來。此處開篇說「天尊地卑」，目的是告訴我們「如何分」及「從哪裡分」。而分類的依據，就是「等級」。

☯有尊卑之別，無實質平等

萬事萬物之間需要有等級存在，有了「等級」也就有了「尊卑」。歷史上曾經有段時間，人類社會中有上等人、下等人……之類的各式分法。假如你是皇室的血脈，那麼，你天生就是「上等人」；假如你是庶民或賤民階層的後代，那麼，你從一出生起就是庶民或賤民。就連天與地之間，也存在所謂的「等級差距」。高高在上的天象徵「尊貴」，在地之上；地在最下方，任由萬物踩踏。

而現代人的主流價值觀則是追求「平等」，尤其是在「人」的方面，不能夠劃分優劣、分出等級，因為每個人都是平等的，似乎人人都受到一視同仁的對待，再也沒有階級之分。而世間萬物之間，到底該不該有等級區別呢？

針對這個疑問，聖人直接告訴我們——事實上，平等根本不存在！因為「平等」本來就只存在於理論，而現實世界的宇宙自然中，是沒有平等可言的。所以，人不要去追求所謂的平等，畢竟人生而不平等，動物生而不平等，植物生而不平等，就連日月星辰、山河大地也沒有平等的，一切都是「有尊有卑」，這就是自然之道。

☯生而不同，造就等級差距

　　如果仍執意要找平等，要從哪裡開始找呢？就算從人一出生時，那種最純粹的階段開始找，也是找不到的！必須承認，富家子弟降生於有權有勢的家族中，他和流浪漢、乞丐所生出的孩子，從出生開始就是不一樣。

　　以其他野生動物而言，有的草食性動物在出生後沒多久，就長出了吃草用的「板牙」；有的肉食性動物為了狩獵與撕裂肉塊，則是天生就長「獠牙」。板牙與獠牙之間，算是平等嗎？獅子一出生就是獅子，羊則一出生就是羊，當身為獵物的羊面對獅子這樣的掠食者時，又該找誰去要求平等呢？獅子、老虎、狼等掠食者從來不要求平等，牠們要的是「力量」。在動物的世界裡，力量大者就是王，占有較多資源，同時也擁有了生存、繁衍的優勢。

　　理所當然的，植物界也具有這種「弱肉強食」的現象。如有的樹天生就很高大、枝繁葉茂，枝葉彷彿能將陽

光全都遮蔽，使得地上那些矮小的灌木叢無法照射到陽光；當天生矮小的植物無法爭取到足夠的陽光，生長勢必會受到妨礙。彼此的等級差距就來自於天生的品種差異，這就是大自然的叢林法則！

🌀「平等」只是統治者的口號

人類也是動物，但是，人類社會中存在著叢林法則嗎？雖然現代人以「民主」、「平等」為主流口號，但是，於此必須重申：真相是，沒有平等！

其實，現代普世價值中的「平等」觀念，目的只是為了讓普羅大眾「安心」罷了！當眾人覺得，那些所謂的「上等人」和老百姓別無二致，沒有尊卑之別，彼此之間是平等的，如此一來，民心就安定了，也就達到了統治者的目的——讓百姓都能安心地各司其職，心平氣和地被統治。以天地之間的關係來說，天就是統治階級、精英階層、勞心者，而老百姓則永遠都是勞力者。這裡所說的等級之別，就是真正的本質。

孔子開篇直言「天尊地卑，乾坤定矣」，這就是天道。若是一味強調「平等」與「公平」，就等於在鼓動底層的老百姓造反、推翻現有的體制；但是，當權者利用完老百姓，建立了新的政權後，老百姓永遠都還是老百姓，仍舊沒有所謂的平等。

☯世間的安定來自於等級之別

天地定位，乾坤也就定了，如此一來，世間萬事萬物的發展就會朝向穩定、生生不息的狀態前進。這也就是上古聖人對後世灌輸的思想——天尊地卑，人生而不平等。

一旦提到「人生而不平等」，現代人勢必很難服氣吧！就算出生在一個普通人家，就算父母都是農民或者販夫走卒，但是「王侯將相寧有種乎」（註）？只要肯努力向上，仍然有階級流動、平民翻身的機會吧？當然有，但是，那些出身平凡卻成功提升社會地位的，都只是特殊的個案而已。

但生而為平民也不需要氣餒，反而更該積極進取，社會也應提供途徑，讓來自庶民階層的一部分特別努力、聰明又上進的佼佼者及優秀學子，透過升學、考試以進入精英階層。但這只能針對「少部分的優秀者」，而不能施行在所有的民眾身上。若是向普羅大眾灌輸人人都要向命運抗爭、人人都要成為社會精英、人人都要升官發財等概念，其實是不符合天道的。

真正好的國家政策，是要能讓民心安定、安居樂業。

※註：「王侯將相寧有種乎」，出自《史記‧陳涉世家》，為秦末「揭竿起義」的陳勝所言。句意為「那些高高在上的王侯將相，他們的尊貴地位難道是與生俱來的嗎？」即陳勝認為，人的地位並非天生注定，而是能夠靠後天努力去改變的。

當定出了「天尊地卑」的概念，百姓就會因為懂得「認命」而腳踏實地、老老實實地做好分內之事，心情也不會浮躁。例如那些透過國家制定的精英培養與選拔體制篩選後，最終沒能成功進入精英階層的人，「認命」後便會安心地去做其他能使他安穩生存的工作。若是眾人皆如此，就能營造出適合生存、繁衍的幸福社會。

如此一來，絕大多數的平民能安於現狀，而精英階層則從體力勞動的世俗事務中脫離出來，以發揮他們的聰明才智。精英階層享有較常人更為優厚的待遇，以供他們在科學、哲學、藝術、文學、信仰或醫學等領域，充分地發揮各自的優異才能，然後以創新的理念與作法引領普通老百姓，使得眾人都能在心靈、工作、生活等方面有更好的發展，進而帶著整個社會往前走，這才合乎天道！

前面曾說過，《孝經》是學習中華文化的重要啟蒙，而「孝道」也是中華社會中重要的價值觀。其實孝也是一種「等級」的概念，是促使社會穩定的原因。

舉凡國家、社會、家庭、企業……人類社會中的各個組織或單位的穩定，都要建立在「孝」的基礎上。孝，從「父子」之間的關係開始做起，父就是父，高高在上；子就是子，要屈尊於父之下，這就叫孝，是天生的。肯定了、承認了這樣的上下等級關係後，接著再推己及人，將

這樣的等級關係推向社會，國家才會安定。

☯成形之物背後必有主宰

學習中華的傳統文化，一定要先「知天」，接著再學「知地」，然後才有可能「知人」。上不知天文，下不曉地理，中必定不通人事！而沒有天地哪有乾坤？所以得先釐清「天地」，再言「乾坤」。那麼，天地是什麼？乾坤又是什麼？

說白了，乾坤就是「現實世界」，也就是已經成形了的萬事萬物。認定了「什麼是天地」，也就是「知天知地」、「懂得尊卑」後，確實地去遵守等級，成形的事物便能穩定又長久。

而天地就是「宇宙自然的規則」。此處所說的「天」並非我們抬頭所見的那個天，因為日月星辰所在之處也叫「地」，並不是天！也就是說，人類肉眼可見的所有物質、所有存在，全都屬於「地」。

相較於天，地的存在是卑下、低下的。因為地不是主宰，所以是「卑」，就相當於人類當中的「勞力者」，單純只負責執行，對任何事都沒有決策權。現實世界中，肉眼能看到的日月星辰、黑洞等，其實都處於「卑」的狀態。細想，如日月星辰運行的軌跡、黑洞形成的原因等，

這些是誰決定的？

無論是太陽還是地球，只要是存在於宇宙中的日月星辰、山河大地，每一個生命體背後其實都有一個主宰，是那股主宰的力量在操控著一切，而我們所看見的「成形之物」都只是執行者。如果地球不按照規律去繞著太陽轉，下場就是毀滅！太陽也一樣，如果不按照那股背後的力量去運轉，一樣會消滅、瓦解。而背後主宰的力量就是「天」，當中誰尊誰卑，也就一目瞭然。

孔子在〈繫辭傳〉開篇就講天地，必有其意義。一再地說，學中華的傳統智慧，必須先找到天，進而明白地的運行規律，以及地背後的本質、淵源與推進的原動力，才能真正學會易。

☯掌握天道，重回主宰地位

表現於現實世界的一切都是「地」。地有地之規，也就是現在所謂的「物理規則」。現代西方在科學、科技等方面，所掌握、研究的這些物理規則，都在「地」的層面；而「地」背後還有「天」，中華的智慧體系就是側重於研究「天」，以及「天」是如何影響「地」。

其實地本來就是「卑」，屬於「被動的執行者」，中華對這一個層面沒有下太大的功夫去研究，所以才會

在這兩百年間，一下子就被西方的科學與科技超越了。中華的聖賢們一直都在研究與「天」相關的議題，包含天是什麼？怎麼進入天？怎麼掌控天？怎麼做才能成為天的主宰？所以中華才有了易學、道學、儒學等學問。其中，道學是研究天的，而儒學則是將對天的研究成果應用在現實人間的物質世界中。儒學不離天道，所以孔子解讀《易經》的開篇，開宗明義說一句「天尊地卑」，裡頭含義可是非常深遠的！

學易，學的就是天道，不側重於地，更不側重於人。只要天道清楚了，地上的規律，包括人的生老病死，以及事物的起源、發展與結局，也就全都能掌握了。掌握了天道，就等於掌握了地與人，因為天道是地和人的主宰，即「天為尊，地為卑」此一不變的真理。

現在中華的文明之所以沒落、處境岌岌可危，正是因為我們離天道愈來愈遠了。若是不知道天是什麼，也不知道該去哪裡找到天，那就像找不到生命的主宰一般，任憑大地上的各種變遷發生，無論是滄海桑田、山河流轉、飛沙走石、溫室效應、冰川融化等各種現象，我們也終究不知其所以然。同時，當世上人心浮動、人心不古，人與人之間爾虞我詐、相互算計，無論律法再嚴格，各種失常、犯罪的人仍然與日俱增，其中原因，我們也是毫無頭緒。

對大地與人心都一無所知，都是因為現代人不知「道」，掌握不了「天」。

中華的古人卻都能「調」，哪怕現實中遭逢洪水氾濫，他們也知道該用什麼方法，才能以最快的速度、最低的代價和成本將洪水疏通；甚至能建起像都江堰、靈渠這類的偉大水利工程設施，能和自然融為一體、不破壞自然，而且歷經千年都不需要勞師動眾地去維修，更不需要花太大的維護成本，就可以一勞永逸。但是，現代的中華民族根本沒能力建造出同樣偉大的設施了。

其實，只要掌握了天道，也就能捋順地脈，讓山河大地順服安定，甚至能夠左右氣候，讓人世間年年都風調雨順。因為掌握了天道，知道該使用什麼方法對現實世界進行調節，也就更能知道如何去把控人心，使百姓安居樂業、繁衍生息。宋朝以前的古人都知道掌握天道的辦法，但宋朝以後，隨著精英階層的殞落，中華就愈來愈遠離天道，甚至到現在已經找不到「天」，不知其為何尊貴、為什麼為主宰了。

☯知天知地才能擺脫恐懼

每個生命體、家庭、公司、民族、國家都有天，「人類」這個族群當然也有。當人類漸漸地失去與天溝通的能

力，其實就如同變成了孤魂野鬼一般，對於任何來自於自然界中的毀滅性事件，可能是隕石撞擊地球，人類都一無所知，更無能為力。彷彿頃刻間，整個人類文明就會全部毀滅。

失去了天，不僅把握不了自己的人生軌跡，也把握不了公司、國家，乃至於人類全體的發展軌跡。不知天、不識天、不能掌控天的人，開車怕車禍、搭飛機怕空難、出門怕天外飛來橫禍……每天都生活在各種憂慮與恐懼當中，非常悲哀！又或者，進行任何投資時，不知天的人並不知道結果是賺還是賠，最終只能聽天由命，還不忘安慰自己「謀事在人，成事在天」，想著只要努力了，結果就隨緣吧！非常被動。

最根本的問題，就是人無法主宰自己的命運。

聖人透過易來告訴我們有「天」存在，並闡述什麼是天、什麼是主宰，以及該如何去掌控天這個主宰。當每個人都是自己命運的主人、自己生命的主宰，也就什麼意外都不怕了。所以，首先要先承認有「天」，肯定天就是最尊貴的主宰。而個人、家庭、企業與國家的命運要想有定數，即是能按照正常的自然規律去運行和發展，不會在中間出現混亂，也不會無序、失控，更不會突然遭逢意外，

即所謂「定」。

必須先認清天地、知天識天，進而能去掌握天與地，自然也就能掌握人事了。達到「上知天文，下曉地理，中通人事」的境界，就是「乾坤定矣」！

易學人生金句

「知天知地」、「懂得尊卑」後，確實地去遵守等級，成形的事物便能穩定又長久。

第二節　知尊卑定位，行天道之學

【卑高以陳，貴賤位矣。】

明白「天尊地卑」的關係後，接著要認清「位」。

先有「等級」，即是有了「尊卑」，而現實中的尊卑就是「貴賤」。要清楚地認知自己的「位」，因為宇宙自然中的每一個生命體，都有屬於自己的位置，並且各自在那個位置上知足常樂地生活，不要無端生出過多的妄想。

☯人倫尊卑，各歸其位

八卦的每一卦中都有六個爻，依序是初爻、二爻、三爻、四爻、五爻、六爻。爻數愈高，位愈尊貴；爻數愈低，位愈卑賤。六爻中每一個爻都有其所屬位置，不能亂！爻一旦亂了，卦也會亂。同樣的，如果爻不斷改變，卦也就隨時都在改變。如果將卦視為一個「人」，那爻就如同人類的「大腦」，居於身體的最高處，是最尊貴的主宰，絕對不能亂。以大腦為主宰，手腳的作用就是去配合大腦所發出的指令去執行動作，彼此之間的位置與功能可不能顛倒。

人倫關係中的尊卑與高低也都是固定的，無論貴賤也都各歸其位。卑賤也好，尊貴也好，天生如此，只要記

著，在公司和家庭中，做好自己分內的事即可。以家庭為例，丈夫、父親有應盡的責任與義務，同樣的，妻子、母親也有，每個人都要守好自己的本分，否則就是不符合自然的規律。

　　或許有人會認為，儒學就是既迂腐又陳舊的封建思想，只會束縛人、使人僵化罷了。但是，其實儒學全是從「道」而來，理念全都符合天道運行的客觀規律，是人在天道的基礎上所立的一套綱常。儒家的孝道之書《孝經》就是從易中來的，若是不通易，就永遠學不通儒學。在學《孝經》時，一再強調，天道即是從易而來的「道統」，為了適合道統，所以在人間設立綱常；而正因為有了倫理、道德，才有禮規、法治，以上皆由「道統」而來。易將天道、道統的體系講解得非常清楚，儒學完全都是以此為基礎而建立的。

　　當人不遵循道統、違逆天道規律，就算創造了繁榮與興盛，也不過是一時的，一定會迅速衰敗。就現況而言，這一套劃分等級、區分尊卑貴賤的道統，在當下的中國早已經被打破了！現代的中國人不強調等級，甚至還要取消、打破階層，一旦沒有階層之分，那就沒有貴賤、高低，也就沒有尊卑了。

☯精英與平民，應各適其所

若從政治的體制、國家社會的結構來分析，順應天道、符合道統、遵守等級規律的國家，就很容易強盛、穩定且生生不息；反之，不符合天道規律的國家，必定是上下動盪、風不調雨不順，甚至連大地都會不斷變遷，災難不斷。

舉例來說，現代的新加坡國內對等級的管理森嚴，由精英來治理國家，並實行民主投票。新加坡社會如何定義精英？並不是從人的出身判斷，而是透過一套從幼稚園開始，一直持續到大學、碩博士階段的嚴格「精英選拔機制」。也就是說，自幼稚園起，新加坡的學子們就開始了他們求學階段的第一輪選拔，優秀的幼稚園畢業生就進入同樣優秀的重點小學；小學四年級的時候就開始被考評分類，直到畢業前再經過一輪更殘酷的選拔，成績優秀、五育皆優的孩子，就能進入重點的國中；接著再篩選優秀的學生進入重點高中，開始為進入一流大學而做準備。這樣層層篩選下，優秀的孩子們所獲取的教育資源是非常平等的，如此選拔、培養出來的人才，就成為以後統治新加坡的精英階層。

另外，若是在各個學習階段都沒有特殊表現的一般人，並不會受到歧視，也能夠選擇其他各式各樣的技術學

校來進修，學習一技之長，並且正常地完成學業。在新加坡那樣的教育氛圍下，如果無法成為學業上優秀的人才，就得服氣！不想多費心力在讀書上的人，就得安於自己的本分，做好自己的「平民」角色。但是，就算甘於平凡，仍能過上安居樂業的平穩生活，只不過是成不了精英，也無法跨越階層罷了。

追求培育精英的教育制度，本質上就是一種層層篩選的殘酷選拔，新加坡的教育體制就是以此為據來設置的。人與人之間的差距，早在小學時候就劃分好了。大多數的人抗壓性較低，才智與能力也都比較平庸，通常就會循著一般管道走，學到技能後找一份工作養家糊口，安穩地過一輩子；相反的，若身為精英，則必須要遵循國家的培育計畫，不斷地深造，直到取得個人的最高學歷後，進入政府機關來為國家貢獻所長。

新加坡的教育制度，是一套非常符合易學與儒家思想的體制，中華古代的教育制度也是如此。書香門第、精英階層家庭中誕生的孩子，比出身平凡的孩子更容易成為精英，因為他們自出生就被父母寄予厚望、施加壓力，被逼著往成為「人中龍鳳」的道路前進。除了父母要為優秀的孩子規劃一條精英之路外，還得由國家提供更大的資源，才能有更好的成效。

位，指萬事萬物都要「安於位」，即安於自己的位置，在其位、謀其政。既然自己身處這個位置上，那就得先把這個位置的分內事做好，等到有餘力精進的時候再向上謀求更好的發展。這個「先守本分，再求進步」的概念，與前面所說的安居樂業、知足常樂、不生妄想並不矛盾。因為「安於位」並不代表我們就不應該想著要往上提升、跨越階層，那只是以「常態」而言。因為絕大多數的人沒有能力去跨越階層，也沒有能力去創新、創業，更沒有能力走出一條屬於自己的上升之路，所以只需要安居樂業，將日子過好即可。而真正有能力的優秀人才，就應該往上走，哪怕出身再低下、再卑賤，若有能力，就應該提升自己的地位。

無論出身自高門還是寒門，只要是優秀的人才，都是可貴的！而國家也要為這些人才制定完整的政策，提供他們開闢「上升之路」的機會。

☯政策是天道在人間作用的重要一環

目前中國的教育與人才培養制度，仍處在「亂」的狀態，國家沒有一套完善的規劃。在中國，大部分的父母天天逼孩子讀書，一路從幼稚園逼到大學，就算最後孩子從清華大學、北京大學等頂尖學府畢業了，也會因為國家沒有妥善規劃而對就業問題發愁，還得靠人脈、賣人情來替

自己找工作，或者謀求更好的職位。

　　將孩子逼到了頂尖大學也沒用，畢業了也不一定成為精英，只能證明這個孩子比別人更優秀、學習能力更強而已。在精英教育的體制下，國家是需要與家庭、學校等機構接續的；也就是說，個人的努力、家庭的培養與學校的教育還不夠，國家須有一套管理、培養人才的機制與之接軌，才能發揮更大的效益。而中國的現況是，父母死命逼孩子讀書，把孩子逼成只會機械性記憶的書呆子，有的甚至在高度升學壓力下產生了心理問題。到頭來書沒讀好，身心還受到創傷，實在是得不償失！與其如此，還不如快樂一點過日子呢！

　　由於現在中國沒有提倡培育「精英人才」的概念，政府也不以「精英治國」為理念來設定制度、管理國家，如此一來，就算個人再怎麼努力讀書、取得亮眼文憑也沒有意義。有些人可能只有小學畢業，卻能創新、創業，甚至還能管理一個大企業呢！因為他們雖然沒花太大的心力在「升學」這件事，但可能從小就跟著父母或親戚們出去闖天下，年紀輕輕便已經閱人無數了。而相較於那些人生閱歷豐富的人，有些人取得博士學位時都快三十歲了，出社會後仍有很大機率，是受那些僅有小學學歷，卻早已經創業當老闆多年的人僱用，當個小小的員工，扮演社會中不起眼的螺絲釘。

☯以合乎天道的儒學治天下

說穿了，新加坡的統治階層其實就是使用「儒家思想」來治國。回頭看看自身，民國之前的中華各朝各代又是如何培養人才的呢？

其實，就算是被外族入侵而建立的元朝，竟也離不開儒學！雖然蒙古人是「馬背上打天下」的民族，但是到了真正要治理國家的時候，他們依然會提拔懂得用儒學智慧的人才來治理天下。就如大儒耶律楚材被元太宗任命為中書令（註），他為元朝制定了一套以儒學為基礎的治國與培養國家精英的偉大政策。

再說漢唐時代，那就更是典型的「精英治國」了！對於國家精英的培養，唐代以降以「科舉取士」，而漢朝的統治階層則能透過察舉制度（註）的實施，從為數眾多的庶民中，有效地將精英選拔出來，由國家培養成材後再委以重任。如此便完整地形成了一套如「國家機器」精確運作般的精英統治和管理流程，而中華歷史上的歷朝歷代都

※註：中書令，為一種起源於漢朝的官職，負責掌管皇帝的詔令、檔案等各種文書。元朝時仿照漢朝制度設中書令一職，掌管行政機關「中書省」，與皇帝關係極為密切，位高權重。

※註：「察舉制」為中國古代選拔官吏的制度，由漢武帝於元光元年（西元前一三四年）確立。不同於先秦的「世襲」以及後來隋唐的「科舉制度」，察舉制度的主要特徵是以「聲名」來作為選拔人才的標準，由地方長官在轄區內對各項目的人才進行考察、選取，接著再將符合條件者推薦給各部門機關，待通過試用及考核後，便可任命為官。

會這樣做。

　　只要開始學易了，就會發現，其實儒學的經典和儒家的體系完全能合乎天道規律，因為儒學的本源就是天道。如此一來，誰還敢說中華的這套體系，以及偉大的儒家學說只是禁錮、約束人類思想的糟粕呢？

　　由「天尊地卑，乾坤定矣。卑高以陳，貴賤位矣」的文句可看出，中華的古人是非常務實的，所留下的文字經典中不會有任何一個無意義的虛字。在這簡單的幾個字中，究竟有什麼深遠的含義？對人而言有什麼意義？如何施行於現實世界？人應該如何去遵循它？關於這些疑問，接著將會逐一以更寬廣的視角來解釋，讓大家能有多一點思考空間，對經典的解讀也就會更加深入、通透。

　　唯有更深入、更透澈地去理解經典，我們才能真正發自內心地崇敬古人以及其所流傳後世的偉大智慧結晶。畢竟，如果只是單純地從字面上解讀，絕對無法真切地領悟古人所要傳遞的寶貴訊息。

易學人生金句

儒學全是從「道」而來，理念全都符合天道運行的客觀規律，是人在天道的基礎上所立的一套綱常。

第五章
從定位到動靜的萬物規律

《周易・繫辭傳》第一章（三）

「等級區別」背後所代表的，

究竟是什麼樣的「實質平等」？

本章將更進一步闡述「天尊地卑」之理，

並且說明天地的動靜之別與運行規律，

以及各種變化下所造成的有常與無常。

只要對「定位」與「尊卑」有更深層的理解，

就能讓人找到屬於自己的位置，

發揮特長、盡己所能，

活出自己的「有常」人生！

第一節 等級的深層含義

【天尊地卑，乾坤定矣。卑高以陳，貴賤位矣。】

天地的等級與定位，遵循宇宙的規律而來。天與地之間有等級的尊卑、高低、貴賤之別，但這些分別指各自的「定位不同」，並不代表著「不平等」，不要誤解！絕對不能將「等級的劃分」和「定位的不同」，與另一種帶著「踐踏」、「歧視」之意的「高低貴賤」混為一談。

✿ 高不強，低不弱，只是各司其職

在宇宙規律的運作下，「天尊地卑」中所說的尊卑、高低、貴賤，究竟所指為何？說穿了，其實就是指宇宙中的萬事萬物，根據其自身的特點與特性「各司其職」。也就是說，在宇宙自然的大道規範下，萬事萬物就被規定處在各自的位置上。而此處的「低」，不代表就被「高」視為弱小、低賤又卑微的存在。

如同大自然中既要有高山，也要有沼澤；既要有小草，也要有大樹。所以，在這些共存的事物間，到底是小草重要還是大樹重要呢？事實上，中華的智慧認為，並沒有所謂「誰比誰更重要」這件事，宇宙中的萬事萬物只不過是各在其位、各司其職罷了。萬物之中，有的就應該在

天上，有的就應該在地下，沒有誰比誰低賤，也沒有誰比誰更高貴。

　　舉例來說，一輛汽車由大大小小的許多機械與零件組裝而成，大至引擎、輪胎，小至螺絲、彈簧等。那麼，要讓這輛車正常地運轉，是引擎重要還是輪胎重要？是螺絲重要還是彈簧重要？其實，從整體的意義來看，這些零件同等重要！一輛正常的車子，如果少了一個螺絲，就有可能導致車毀人亡！所以，在眾多汽車零件之中，真有所謂「誰比誰更重要」嗎？引擎和螺絲同在一輛車裡，它們各司其職，引擎占據核心的位置，螺絲則分布在每一個隱蔽的角落。

　　或許常人會直覺地認為引擎最為重要，都會習慣將注意力放在觀察引擎的狀況上，因為它直接影響了車輛最關鍵的發動功能；相較之下，螺絲確實不受重視，但從本質上而言，螺絲又與引擎同等重要。小小的螺絲不受關注，存在感極低，但是這種「隱形英雄」般的存在，不代表它就是低賤、可有可無的。

☯追求本質上的平等

　　有的人會偏執而敏感地誤解「等級劃分」這個概念，認為它代表了「歧視」、「偏見」或「不公平」，若抱持

著這般的錯誤認知，將易應用於現實中，就會和當今社會的主流人倫觀念產生衝突。

對於國家政治體制、社會結構等議題，現今國際間正不斷鼓吹「民主」為主流概念，許多人也順理成章將「民主」理解成「人人平等」。然而，這種所謂的「民主」和「人人平等」等觀念，不知不覺中，成為了一種使社會變得不穩定的因素。提倡「民主」和「人人平等」是對的，但這樣的「正確性」是有前提的。

「人人平等」就意味著所有人都是平等的，沒有高低、貴賤之分，一視同仁。如此說來，是否代表在這個世界上，不應該有位置的高低、上下之分，也不需要基本禮儀，更不應該有最終決策者存在了呢？每一個人都成了主人的話，整個社會將變得非常混亂，也就不成體統、沒有章法了！當一個團體中沒有了等級，而是一味地追求人人平等，就會如同一盤散沙，是絕對無法運行的。

一輛車裡頭有引擎、螺絲、輪胎等部件，你會選擇成為哪一個部分？或許大部分的人都想成為引擎，並且心中會有「為什麼要我去做螺絲呢？我為什麼不能做引擎？」的疑問。但是，要是人人都想成為引擎的話，也就沒有了其他的零件，還能夠拼湊出一輛完整的車嗎？那是絕對不可能的。

當下世界所謂的「民主」與「平等」觀念，其實已經讓人們慢慢走向了極端。全球都要求男女平等，其中對平等的規範，甚至達到了極為「簡單又粗暴」的程度——女人得做男人的工作，女人能做的工作男人也能做。這早已不是客觀地從人性、人格的本質上去要求平等了。事實上，人類的社會分工，天生就需要有等級，這是我們都必須接受的客觀現實。

如同天和地是自然而然的，各有自己的作用。天就應該在上面，地就應該在下面。難道天與地之間不平等嗎？其實在本質上，它們就是平等的。天雖然居於高處，但不代表它有多尊貴；地雖然居於下，也不代表地就是低賤的。它們只不過是各司其職而已。天外揚、高遠、主動，且天就浮在上方，這是天的自然特性所決定的，不是因為它尊貴而居於高處；大地沉靜、包容，這也是地的自然特性所決定的，所以地居於下，但並不代表它低賤，也不代表它不重要。

☯對等級的誤解，造成人心浮動

在現實中，如果想運用易來管理國家、企業、家庭等組織，使其運作平衡，並符合天道規律，就一定要把易的理領悟通透，而不是簡單、粗暴地要求實行完全的平等和民主。假設在一個家庭中，如果不讓當家的人進行最終決

策，而是所有事情無分大小，全都透過家庭會議讓所有家庭成員來投票表決，這樣的家還是家嗎？再者，如果一個公司內，老闆和員工地位完全平等，任何重大決策都是全員參加，實行一人一票制，這個企業還算是企業嗎？

從人性出發，如果每個人在所有方面都要求平等，誰還願意去當生產線上的工人？既然都追求平等了，那麼就應該「人人都是大老闆」了！畢竟，誰不願意當老闆呢？近年來人類社會中盛行「人人平等」的觀念，並且對「等級有別」這件事存在著極大的誤解，甚至對其大加撻伐。彷彿每一個人都覺得自己是「主人」，不能安於現狀，也不願只在社會中扮演一個小小的螺絲或輪胎，而是要成為引擎。因為，每個人都覺得「自己」才是最重要的。

然而，大部分的人並不清楚自己的特點，也不知道自己的能力所及，只一味自詡理想遠大，實質上只是好高騖遠罷了。社會毫無節制地鼓勵「人人創新」、「人人創業」與「人人都能當老闆」的潮流，但這種風氣的蓬勃發展，其實造成了社會中極大的人力資源浪費。不信的話，問問現在的年輕人，有誰願意去做一個小螺絲？有誰甘於去種地，做個普通農民？有誰甘於去做工廠的工人？就算有，都是在無可奈何之下才願意去做的，唯有在被現實生

活逼得走投無路，才會心懷不安地去做所謂的「低端 (註) 工作」。

　　或許，在超商裡打工的店員，每當看見門市的店長或主管時，都難免心生怨恨，想著：「你不就有幾個臭錢嗎？等哪天我賺到錢了，我也能比你更強！」這個心態其實並不罕見，因為現在無論是領月薪的正式職員，還是領時薪的兼職人員，幾乎人人都討厭自己的老闆！許多人暗自覺得，資本家只不過是仗著自己有錢，就狠狠地剝削普通老百姓罷了。而當意識到自己與老闆並無不同，就會對現狀愈發不甘心，進而心生「推翻」之意。若是人人心中都有這種怨恨、不滿的心態，社會還能穩定嗎？底層的老百姓需要的真的是全然的平等嗎？

☯不安其位，必有隱憂

　　身為一棵小草，只擁有小草的特性，那就得好好地做棵小草；如果具有大樹的特點，有寬闊的心胸與格局，還有比小草更佳的承載力、抗壓性，那就去做棵大樹吧！但是，如果自己本身是棵小草，沒有大樹的承載力，卻一意孤行地當老闆、成為大樹，認不清現實，日子反而會過得惴惴不安！因為小草天生就承載不了大樹所能承受的壓

※註：「低端」為近年中國社會的流行詞彙，指的是在同類之中等級較低、地位較低，而顯得卑微、低劣的事物。含義與「高端」相對。

力。小草原先的日子舒適又安逸，若是被灌輸「得成為大樹」的觀念，突然間小草們都想當老闆了，還以為自己就是棵參天大樹，貿然地做非自己能力所及之事，又會招致什麼樣的後果呢？

大地約有八成的面積，都被那平淡、安穩的小草給覆蓋，就如人類中有將近八成左右都是普通的庶民。現在大家天天妄想著不屬於自己的階層，打破了原有的秩序與平靜，使得整個社會不穩定，人心浮動、怨氣橫生。就連心都不能靜下來了，更不可能安於當下，接著就會產生各種衝突。

現代社會不都是這樣嗎？不僅小草般的普通人心生不安，連居於上位者也同樣不安。沒人能保證上位者的地位能維持多久，畢竟眼下有無數人正虎視眈眈。由於社會沒有一個穩定而明確的等級制度，所以才讓上下相怨，造成社會資源的浪費。前面反覆提到的經典《孝經》，就是去提倡、推廣「孝道文化」，即孝的「等級秩序文化」，以此讓社會結構和政治體制穩定，使得生活在其中的人都能安心，然後有能力的人自然會脫穎而出，並藉由國家提供的途徑上升，讓上、下階層之間可以流動。在上為官，如果不遵從天道或國家制度，就得下去，順勢讓下面有能力的、聰明的、有進取心的人替代向上。

☯認清定位並承擔相應責任

《易經》開篇就在闡述「天地必須定位」的道理，只要劃出清楚的等級，分好階層，乾坤就能定下來。這般的「大方向」與「大格局」，也是管理學的基礎原則。

在家庭中，天就是丈夫，而丈夫的責任便是在大事上要決斷，並且掌握大方向，還要負責穩住狀況、承擔責任，是家裡所有人的靠山。同理，女人做好女人該做的事，孩子做好孩子該做的事，家裡的乾坤就定下來了。反之，如果男人不去承擔、沒有擔當，反倒命令女人到外面去闖，如此便會「翻天覆地」，因為乾坤不定，家庭就會失序。所以，《易經》就是在揭示「天道」，並且讓人知曉如何學習它。

在公司行號裡，老闆就是天，需要專斷獨行，因為公司這類的體系更需要劃清「等級」的差別。所謂「官大一級壓死人」，員工見到老闆或主管，一定要畢恭畢敬，這不僅是規矩，也是基本的禮儀！而企業的發展方向、重大決策、用人原則等，都必須讓老闆負責拍板定案，因為身為老闆，就要擔得起這個責任。試想，若在企業中講「民主」，是要讓公司中的所有職員共同參與決策嗎？但若是人人都發表意見、參與決策，時常會出現「一半同意，一半不同意」的僵局。公司若想順利地營運，真的需要這種

民主嗎？這樣一來，還需要老闆嗎？

　　老闆的責任之一，就是要在公司前路不明時「下決策」，並且承擔決策的後果。「如何去做好決策？」是老闆所應該學習的課題，而企業裡其他具體的、屬於執行層面的事，就不是老闆的職責了！因為老闆底下有高級主管可以統籌各個部門，指派員工去執行具體的內容。說穿了，老闆就是「孤家寡人」的決策者，決策對了，公司業績就蒸蒸日上；決策錯了，公司業績就一敗塗地。既然老闆是公司的「天」，就有其理應承擔的責任與風險，若是老闆將自己的責任推給下屬，那就是不負責任。

　　員工的職責是在老闆做出決策後如實地執行，不需要參與決策，更不需要隨意評論老闆。現在華人世界有很多的企業，天天強調「民主」、「平等」，彷彿就連一個小小的門口警衛，或是一個生產線上的小工人，都覺得自己肩負「企業興衰」的責任；甚至，各種位階不高的小主管們，將老闆的決策視為下班後聚餐時閒聊的談資，任意評斷老闆的作為。企業風氣如此，還談何管理？

　　看看日本和德國的企業，皆以「軍事化管理」為信條，每個人都要在適當的位置上承擔相應的責任與風險。假使我的官位比你更大，那麼，我在公司的地位就在你之上，也就由我來做決策以及承擔風險；若你有什麼意見，

就等你升職到我這個位置上了，再來談吧！

☯透過等級之別實踐平等

但是，在家庭或者企業內部裡，雖有清楚的等級規範、階層劃分，這也不代表人與人之間就「不平等」了。就算是身處高位的老闆，也要尊重底層的員工，因為彼此各有各的位置與責任。老闆就好像是車子的引擎，基層員工則是車子的螺絲，如果沒有那牢靠的螺絲，再大的企業也可能一夕垮臺。所以，沒有「誰比誰重要」這件事，只不過是大家的位置不同，各自所要承擔的責任與義務也不同而已。

而家庭中也要有清楚的等級劃分，但是做父親的對孩子、老婆也得非常尊重，這就是《孝經》所言之「孝」。孝從易來，易講的是天道，孝講的則是儒學中的綱常、倫理與禮規，都是從天道延伸而來，再實用於人倫關係上。

孔子在〈繫辭傳〉開篇即言尊卑、高低、貴賤等概念，但這只是一種「陳列」，它所代表的單純就是事物的「位置」。雖然位置不同，但是從本質上而言，天下萬物其實都是平等的。

佛教最講究平等，因為佛不談階層，而是講求「眾生平等」。但是，釋迦牟尼與弟子之間卻仍都謹守著「相互

尊重」的規矩，彼此的禮節是非常複雜與嚴謹的。雖說釋迦牟尼是老師，但他與弟子之間的「人格」是平等的，因此他對身邊的每一個人都極為尊重。釋迦牟尼身處於「佛祖」的位置，並且嚴格遵守該位置的一切儀軌，同時他也為人師表，不忘以身示範。如此一來，釋迦牟尼的弟子們也一定會做好身為弟子的本分，從不疏忽禮儀，展現對老師的敬重。

　　雖說佛法講求眾生平等、一切皆空、無我等概念，但在世俗之中，佛教的禮儀規範可是一點也不少，甚至做得非常得體又到位。反觀現在有諸多自稱學佛的人，只是學了點皮毛就自認是「無我之人」了，天天在修「空」，自以為是地將「空」理解為「什麼都沒有」、「什麼都不存在」，彷彿世間一切都是表象，接著就開始目空一切，有些甚至「修成了魔」都不自知。這些所謂的「修行人」，修到連世俗社會的禮法都不要了，也不遵守世間任何的人倫規矩，眼中連自己都不存在、不重視了，更別提對師長的尊重了。修行佛法，如果不真正地理解「平等」之理，還修什麼呢？只會修成魔而已！

　　所以，易講的是天道，佛、道與儒也都是在闡述天道。我們應該好好地將天道運用於現實世界中，同時每個人一定都要根據自己的特性找到屬於自己的位置。現實世

界必須劃分好等級、分清楚階層,並且接受與遵守位置之間的高低、貴賤之別,然後各司其職、各謀其政,如此一來,乾坤才能安定。唯有乾坤定了,接著才是「動靜有常,剛柔斷矣」。

易學人生金句

中華的智慧認為,並沒有所謂「誰比誰更重要」這件事,宇宙中的萬事萬物只不過是各在其位、各司其職罷了。

第二節 有常、無常與天地動靜

【動靜有常，剛柔斷矣。】

接著要談的，便是「動」和「靜」。天是動，主「陽剛」；地是靜，主「包容」，「天在上而地在下」就是它們之間的等級區別，蘊含著天和地各自的特性。清高的天必須浮在沉靜的地上方，如此乾坤才能定下來。

「動」和「靜」皆「有常」。意思是，天的動不是妄動，大地的寧靜也不是死板的靜，而都有其規律。天按自身的規律和既定的規矩去動、去運行，大地也是。只不過大地運行得較慢，天則運行得較快，它們各循其道，運行有常。

⊕有常與無常，只在一念之間

「剛柔斷矣」中，什麼是剛？什麼是柔？其實，兩者皆是地的特性。

「天道」的規律中有陰陽，陰陽之中有動靜；「地道」的規律中，萬物可分剛與柔，而剛柔也有動靜。萬物剛柔，剛有剛的特性，柔有柔的特性，彼此各有規律與軌跡。剛能代表動，柔則代表靜，天和地相互配合，各司其職，按照各自的規律去運行。

現實生活中，一間公司的老闆就是「剛」，身為老闆，就應該做好老闆分內的事，負起老闆應該承擔的責任，這就是「有常」。又或者市井中一個拉人力車的車夫，也會有拉人力車的「常」，因為他早出晚歸地為生活打拚，載客、收班，哪個時段要做哪些事情，就是他拉車的「常」。無論在社會上扮演何種角色，做好自己的事，有規律，別慌亂，心中沒有不服，就是「常」。

如果心中「不服」了，會如何呢？想像一下，若有一個車夫拉著一個胖老闆，車夫看著老闆意氣風發、外貌福態的樣子，心裡肯定很不舒服吧！車夫辛苦地拉一趟車，或許才賺個幾塊錢；但老闆光是談妥一個合約，可能就有好幾百萬入帳呢！這難道不是在剝削一般百姓嗎？要是車夫因此怨嘆「老天不公平」，暗自計畫著哪天要取代這個老闆，將事業經營得更有聲有色，只要心生此念，動與靜也就變得「無常」，車夫原本該做的事情也就做不好了。而若是天與地都無法各司其職，就形同「不存在」了！

☯天地有常才能長久

正所謂「天長地久」，天地怎麼能夠長久？怎麼能夠承載我們？其實一切就要看天是否「有常」。

一年有四季，四季中又可再分出二十四個節氣，如只

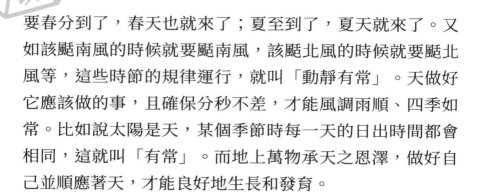

要春分到了，春天也就來了；夏至到了，夏天就來了。又如該颳南風的時候就要颳南風，該颳北風的時候就要颳北風等，這些時節的規律運行，就叫「動靜有常」。天做好它應該做的事，且確保分秒不差，才能風調雨順、四季如常。比如說太陽是天，某個季節時每一天的日出時間都會相同，這就叫「有常」。而地上萬物承天之恩澤，做好自己並順應著天，才能良好地生長和發育。

當動靜有常了，天地也就有常了。由天擔任表率，地上就能風調雨順。由於地是跟隨著天來變化的，所以唯有天按照規律且有常地去運行，地才能隨順、配合，讓萬物自然生長。「萬年曆」的用途就在於此，上面會告訴我們今年的各個節氣分別在幾月幾日，揭示了「天之常」，使得人能夠以此為根據，在地上從事如播種、收割等順天而行的活動。也就是說，當動靜有常了，剛柔就能斷了。

動靜代表著天，剛柔代表著地，大地去順天就有了常，進而就能判斷剛柔。當整個宇宙都按照這種常規去運轉、運行，那麼，天和地就能長久，人也就能繁衍生息。

天地之間的靈活流轉

之所以談「動靜有常，剛柔斷矣」，怕的就是亂、無常與失常。

萬事萬物要求「有常」，或許有人會想：「這樣一來，難道統治階層就永遠是統治階層，而黎民百姓就永遠只能是黎民百姓了嗎？」當然不是的！因為地能昇華成天，同樣的，天也會降到地下來。天地之間是流通、互動的，而不是固定、死板的。以大地為例，湖泊、江河、大海等處是最低窪的，但是，水在一定的條件下會形成水蒸氣，而水蒸氣就能蒸散到天上去。水從最低處升騰上天後，就形成了雲，等到雲聚集多了、水氣重了，接著又會以雨或者冰雹的形式再度落入大地。

天和地雖然各有其定位，但指的是「大的方向」，不代表就是死板的、一成不變的，而是隨時都有可能變化。地有機會上升為天，天有機會下降為地，流動不息。

家庭中也是如此。在家裡父親就是天，就是決斷者，也是家裡最大的承載者。但是，當孩子成年後，會變得剛毅、思維敏捷，成為優秀又有能力的大人，此時孩子漸漸就能替代父親在家中的位置了。當父親逐漸衰老下去，就等於從天上落下；當孩子逐漸成熟，在家裡的地位愈來愈重要，也就上升成了天。如此一來，原先的天與地就互相變化了。

甚至在某些家庭裡，老婆就不是主靜，而是果斷、決絕，做事乾淨俐落且不怕出頭、勇於承擔的。這樣的老

婆，在家中就是天！那麼，女人在家裡能夠當天嗎？豈不就將男人給壓下去了嗎？其實，這當中仍有常規與常理。因為絕大多數的女人喜歡安靜，不喜歡拋頭露面，也顯得相對守成而不刻意去承擔風險，這樣的性別特性是易學告訴我們的常理。但是，易在常理以外，是會靈活變通的。

像大唐就出現了一位女皇帝——武則天，難道她與男人一樣稱帝，就是違反天道了嗎？不，不是這樣的。武則天雖然是女性，但是她的性格、能力等各方面都如男人一般，甚至具備了比男人還要強大的陽剛之氣，所以她能成為一國之君。在常理的框架中，仍會有特例出現，因為天與地本來就是不停變化的，在變與不變之間流轉，這就是「易」。

☯對易的解讀無高下之分

在解讀易學的時候，任何人都不可能解讀得非常圓滿，不可能各個方面都顧慮周全。因為易就是一個整體，而整體代表多面，既有裡又有外，有很多個面向，不可能將所有的面向都解讀清楚，本書頂多也只能解讀到一、兩個面向而已。而此處解讀易的目的，只是為了「拋磚引玉」，畢竟每一個老師解讀易都是從自己的角度出發。師徒關係講求的就是一個「緣」，就像有的人能接受本書解說《易經》的方式，並能從中受到啟發，那就代表你我之

間「有緣」，並不代表著我就一定是「高人一等」。

　　所以，「講解易學」這件事，也沒有所謂「誰比誰更高」或「誰比誰更重要」，因為由不同的人來解讀易，必定有不同的角度。將自身不同於他人的詮釋與別人交流，彼此都可能受益。能向他人講解《易經》的人也不必自認高人一等，畢竟「聽你講解」的人也不代表「低」，只是大家看到的面向與角度不同而已，沒有高低、上下之分。同樣的，在聽人解說易的時候也要記住，由他人所講解的《易經》必定無法面面俱到，而是片面的，關鍵就在於，他人對易的片面看法，究竟能不能引導我們去看到更多面向，或是發現更多不同角度。

☯修行才能真正解讀到深處

　　對於他人解釋得「不全面」的部分，也不應執著與糾纏，因為無論是哪一個易學老師，都無法將各個經典或說法講解得全面而透澈。能看到哪個面？解讀的水準如何？這些和老師的知識面、人生閱歷、生活經歷，甚至是「有

易學人生金句

由於地是跟隨著天來變化的，所以唯有天按照規律且有常地去運行，地才能隨順、配合，讓萬物自然生長。

無修行」都有關係。通常，有在修行的老師所解讀的，和沒有在修行的老師所解讀的，兩者一定不一樣。同理，修行功夫深厚的老師，就能解讀得鞭辟入裡；沒有修行或者修行功力淺的老師，所理解的層次就只在表面，本質上必定有所區別。

　　然而，就算易學老師的人生閱歷再豐富，有時也不是面的問題，而是要考量到「深度」的問題。一個事物的整體不僅有表層的面，還會有「深度」存在。真正的「修行人」就能解讀到問題的深處，且修行得愈深、禪定功夫愈好的、愈能將分別心 (註) 放下者，解讀地就愈深。換言之，如果一個人只有表淺的知識或者閱歷，就算能看到很多面，終究也只是些浮於表面、流於形式的東西。

※註：「分別心」為佛教用語，即「人自我對外在事物所產生的執見」。

第六章
建立正確思維，「選」出成功人生

《周易‧繫辭傳》第一章（四）

人生由無數的選擇交織而成，

在學業、工作、家庭等方面，

你是否曾有過悔不當初的選擇？

而選擇的結果好壞，其實都能事先判斷出「吉凶」。

透過對萬事萬物的分類、變化之理的了解，

以及認知到其背後的主宰與真相，

不僅能幫助人掌握天道規律、建立正確思維，

更有助於我們做出睿智的選擇，成就理想的人生。

第一節　善用易的決策智慧

【方以類聚，物以群分，吉凶生矣。】

前面提到，「天尊地卑，乾坤定矣」，就是指萬事萬物根據自身特性，各自有屬於自己的位置；「動靜有常，剛柔斷矣」則是指萬事萬物都在自己的位置上，並按照一定的規律去運行。

接下來要談的「方以類聚，物以群分」，所說的則是「集合」的概念。宇宙中的萬事萬物不是單獨分散的個體，因為只要是個性、特點相同的，便會集合在一起，如同「人」也是「物以類聚」的。而所謂的「方以類聚」，那個「方」不僅指「人」，更可指「萬事萬物」。

☯事物的特性絕非單一的

同類的相聚，同生的就相合，頻率相近的就在一起。這樣一來，天地之間的萬物就不再是單一的了。所以，在分析任何人或事物時，不要從單一個體的角度去下判斷，那是沒有意義的，根本無從判斷。

如果只就單一個體為出發點去考慮，那麼，假使只針對「眼前這一個杯子」的話，就只能分析此杯子的特性而已。但是，不同杯子就有不同的特性，萬事萬物皆是如此。以人類而言，目前地球總人口數有將近八十億人，有

辦法將這八十億人一一分析嗎？恐怕竭盡全力也分析不完吧！那麼，究竟該如何認知宇宙萬物呢？事實上，要想知道事物當下的狀態、後續的發展，就需要「預測」。

以「人」來說，地球上人口眾多，大多數的人在日常生活中，都會接觸到很多人。對於某些人，我們需要進行「考慮」和「決策」。如「找女友」這件事，該選擇哪種類型的人當女友？該找哪個人當女友？這些問題考慮完、順利交往後，接著就要考量，究竟哪一任女友是能攜手共度一生的伴侶？在沒學易之前，一般人都是以對「個體」的主觀感受來做出選擇。自己喜歡誰？自己和誰相處起來是融洽的？誰讓自己魂牽夢縈？當我們針對這一個個獨立個體去做決策時，基本上都像盲人摸象，腦子裡根本就沒有一個規律性的框架及標準可以遵循。

☯無數的選擇決定了人生

易告訴我們，任何事物都有「吉凶」。而吉凶究竟是什麼？又是怎麼產生的呢？

打個比方，假如你現在要找老婆，有十個女子可以選擇，那麼你到底要選擇哪個？其中是不是含有「吉凶」的差異？要是選錯了，下半輩子就是「凶」；要是選對了，下半輩子就是「吉」。究竟人的命運是掌握在誰的手裡

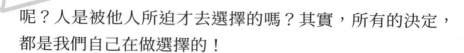

呢？人是被他人所迫才去選擇的嗎？其實，所有的決定，都是我們自己在做選擇的！

　　人生中的選擇無所不在，要考什麼學校？要選什麼科系？畢業後要去找什麼樣的工作？每個階段總有數個選擇在等著我們去決定。「選伴侶」這件事也是如此，看重的是容貌、性格、對方的家庭背景還是才華？在人生無數次的選擇中，一個選擇就是一個點，下一個選擇又是一個點，若將一生所有的「選擇點」連起來，就是每個人的人生曲線，命運就在這無數個選擇中被決定了。所以，人的一生是愈走愈順、愈走愈高？還是愈走愈波折、愈走愈低迷、愈走愈不幸？都是由自己來決定的。

　　細想，你是根據什麼來做標準，以進行眼下的每一個選擇的呢？不難發現，似乎有一類人，總是特別容易因為碰上「狗屎運」而成功；又有一類人，做任何事情都老是失敗。成與敗的差別，就是由人的「模式」來決定的。也就是說，你的「思維模式」就決定了你的「行為模式」，你的「行為模式」則左右了你的每一個抉擇。而我們的思維模式是如何形成、由誰決定的？答案就是——取決於每個人對整個世界的認知、觀念和知見。

☯知見的對錯影響選擇的結果

你是怎麼認知這個世界的？你的認知是正確的還是錯誤的？既然認知有「對」與「錯」的差別存在，那就代表認知有「正」也有「邪」。「正的認知」能帶來正確的思維模式，而正確的思維模式能形成正確的行為模式，進而使人所做出的每一個決策，從長遠的眼光來看都是正確的。反之，如果對世界的看法和認知是錯的，即是「邪的認知」，便會形成錯誤的思維模式，而錯誤的思維模式就會帶來錯誤的行為模式，錯誤的行為模式則會導致錯誤的決定，形成人生中眾多的障礙與不幸。

如果自己過去所做的所有抉擇，基本上都是錯的，也就代表一路走來的人生旅途絕對稱不上「順心」。也許有人的原生家庭條件優渥，但從考試、選填志願的階段起就做錯了決定，以致於後續找工作、挑伴侶、養育孩子等時刻，也全都做錯決定，最後可能淪落到家破人亡的下場，可說是「一步錯，步步錯」。但是，一路上的各種錯誤，也絕對怨不了旁人，因為這一切好壞都是透過無數選擇，由我們自己親自決定的。

而「正知見」和「邪知見」的區別，就建立在是否擁有以下兩種能力的基礎上：一、能否真正把握宇宙自然的真相；二、能否真正掌握宇宙自然運行的規律。

對外在世界及整個宇宙的認識是正確的，就是把握了「真相」；掌握了宇宙的運行規律，也就是掌握了「真諦」。當具備了以上兩個基礎，便形成了所謂的「正知見」，在正知見的基礎上就會有正確的思維模式，進而引導出正確的行為模式，最終才能做出正確的決策。當人擁有了正知見後，也就能夠正確地去認識、看待周遭的人與事物了。

☯成功不能由盲從得來

考大學時，通常每個人都會制定目標。首先，要先確定人生的「大方向」，然後再依序決定志願學校、科系等。面臨求學的進路規劃時，現代人是如何做決定的？又為什麼要這樣做決定呢？

第一，大多數的人都會「看榜樣」、「看現實」。而所謂的「看榜樣」，就是「以別人為自己的榜樣」。比如說，親戚中可能有些堂兄或堂姐一輩，讀了某個大學的某個科系後，現在進了好公司、賺了大錢，甚至有些還當官了呢！這就是常人心目中的「榜樣」。大部分的人心裡也都憧憬著這樣的生活，於是便想著自己也要跟著讀同一所學校、同一個科系，期望未來能跟著「榜樣」去學習，度過富足的人生。

第二，多數人都「勢利」，看重當下的「現實」。比如說，如果當下局勢是金融業發展得好，而某間大學的金融相關科系正巧是該領域最知名的，於是，有人便會想著要去報考，同時心裡盤算著，畢業後也就能在金融業平步青雲了。

但是，若我們按照這兩種出發點去做決定，往往都會衍生出諸多問題——因為那個所謂的「榜樣」並不是你我，事實上，我們彼此都是截然不同的人。一味相信別人的成功來自於「讀了某間學校的某個科系」，但卻不知道這些外顯的順遂與榮華，只不過是「表象」罷了！真相是，即使你真的跟隨著心目中「榜樣」的腳步，讀了同一間大學的同一個科系，當步入社會以後，可能也無法如預期般成功。因為人與人都是不同的，每個人的情緒控管能力、對挫折的耐受度都是高低有別，「榜樣」能成功，並不代表其他人只要效法就能同樣成功。

另外，如果只勢利地看當下的現實，以眼前形勢來做決定，也不一定能夠成功。假使你經過高中三年的苦讀，考上了當年熱門的金融相關科系，接著要再讀四年書才能得到大學畢業文憑，前前後後都過了七年，能保證你畢業那年，金融業還是熱門的行業嗎？那可不一定了！

所以，無論是跟隨榜樣也好，著重於當下的現實也罷，都會使人心中自然而然有了「自己一定會成功」的感覺。但是，感覺終究只是感覺，你因此而為自身做的許多決策，到頭來全都是錯的。「找伴侶」也是一樣，假如身邊有人找了一個富家女當妻子，獲得了女方家裡給予的龐大金援，日子過得養尊處優，事業做得風生水起。於是，你就以他為榜樣，找了一個市長的女兒，想著要過同樣優渥的權貴生活；沒想到，剛結婚沒三年，市長岳父因罪入獄了，到時候你還能受人恩澤嗎？恐怕是直接遭到牽連，一起被關進牢裡了吧！

一般人通常都是在不知道「世界的真相」和「宇宙運行的規律」的前提下，以旁人為榜樣，或者以現實來考量，以此為依據去做生活中所有決策，即「在錯誤的思維模式下，抱持著錯誤的知見，盲目地去做決定」。以「錯誤的知見」為基礎，形成了錯誤的思維模式，接著便會導致人在錯誤的行為模式下做出了錯誤的決策。一連串錯誤決策後，導致一敗塗地了，屆時人內心就會產生極大的悔恨，哀嘆自己命運坎坷的同時，也會疑惑：「為何旁人做了相同的決策，卻能夠飛黃騰達呢？」要記住，所有的不幸，都是自己造成的！

在一無所知的狀況下所建立的錯誤知見，往往會導致

決策出錯。若只是簡單、勢利而現實地看事物的表面，就無法得知其內部真正的發展規律和趨勢。

　　學易讓我們得以做出正確的決策，即所謂「吉凶生矣」。若要預測結果的吉凶，就要謹記孔子所言之「方以類聚，物以群分」。想知道某個人、某件事、某個物品，或是某個選擇的吉凶，首先要做的，便是將宇宙中的萬事萬物進行「分類」，如此才能掌握它們的規律。

易學人生金句

對外在世界及整個宇宙的認識是正確的，就是把握了「真相」；掌握了宇宙的運行規律，也就是掌握了「真諦」。

第二節 掌握真相，做出最佳選擇

一再重申，想要獲得真正的大智慧，關鍵就是「以通神明之德」與「以類萬物之情」。

☯不通靈就入不了門

「以通神明之德」所說的，就是要會「通靈」！萬事萬物所顯現的外在形貌，其實就只是一個「執行者」，而執行者的背後是有主宰的，這就是宇宙的真相。前面提到，要樹立「正知見」，第一是要「知道宇宙的真相」，第二是要「掌握宇宙運行的規律」。至於真相是什麼？如何得知真相？這些問題的答案就是「通靈」——與宇宙中萬事萬物的靈，即內在的「主宰」直接溝通。現實中所看到的形及其發展過程，都是由背後的靈在主宰，而萬事萬物的形、人類的肉體等肉眼可見的，全都是虛假的投影，這就是真相。

既然說「以通神明之德」就是「通靈」，而說到「通靈」，想必有許多人覺得是種迷信吧！但是，如果將通靈誤解為迷信，都是因為不了解、不懂它的意義。如果不懂通靈，就不過是個凡夫俗子，學中華國學、傳統文化時，無論讀了多少經典，也不可能學得透澈。國學的入門，包括修道、修佛、修儒等，都是「不通靈就入不了門」，唯

有「開了天眼」才能看到真相。而宇宙的真相就是實事求是的物理規則嗎？事實上，即使是現代先進的科技，與宇宙的真相仍舊相距甚遠，甚至連皮毛都沒碰觸到呢！乍看之下，現代科技好像在各個層面都掌握得愈來愈完善了，但是同時人類反而也更加趨向於毀滅，因為我們都在「以假為真」！

　　真正的真相在哪裡？由誰掌握？必須認清，只有中華的先祖、聖賢們真正地掌握著真相，並且將真相都如實地記錄在中華的各種經典之中。確實掌握真相的，才能夠傳承下來，因為真相就像真金一樣，無論被再厚的泥土深深埋藏，它也永遠不會腐蝕、消失。中華的文明從上古一直流傳至今，從沒斷過，因為它是真金，既然是真金也就不怕火煉！雖然現在中華文明可能被埋沒在土壤的深處，但早晚有一天，它必定會露出光芒。中華的智慧，也就是所謂的「真相」。

☯一切都是心的安排

　　有些事情看似簡單，其實這「簡單」當中可又「不簡單」！如同許多人會將尋找伴侶、建立家庭想得很單純，好像只要碰到一個心儀的對象，接著就去追求他，兩情相悅的話就能順理成章地結婚、生子，感覺很簡單啊！但是，這世上有為數不少的人，無論如何都碰不到心儀的對

象，甚至到了年近半百也找不到兩心相許的人，背後的真相、真諦是什麼？這世間有這麼多的人，要找到彼此看對眼、相互傾心的對象，機率其實並不高！每個人每一天都可能碰上許多人，你喜歡的不一定也喜歡你，喜歡你的你也未必會喜歡。能碰到這麼一個互相傾慕的人，背後的真相又是什麼呢？

這些問題的「真相」，都必須靠明師來傳授。由師父教導通靈的方法，我們才知道原來這一切的背後都是有主宰的，一切都是人自身的「心」去安排的。也就是說，我之所以能遇見某個與我互相傾慕的人，這便是我的心早已安排好了的。反之，那些年近半百都還沒碰到心儀對象的人，如果往他的內心深處看，會發現裡頭絕對沒有那種對象的存在。這些就是所謂「真相」，明師會告訴我們「為什麼有些人沒有？」以及「該怎麼做才能讓他有？」接著再透過學習，我們就能把握自己的命運，也就是「看到真相」了！

☯事物的分類、互動與干擾

接著要談的便是「以類萬物之情」，也就是掌握宇宙萬事萬物的運行規律。要掌握規律，首先要將宇宙的萬事萬物進行分類，即「以類萬物之情」，其中「情」字所指就是特點、特性。

根據一定的共同特性來對萬事萬物進行分類，一旦分類完成，就能掌握吉凶，知道事物的發展趨勢和結果。而類與類之間會相互影響，這種互動也稱之為「干擾」，有正向的干擾，同時也有負向的干擾。

　　類與類之間所呈現的干擾是正向還是負向的？又是怎麼彼此影響與互動的？關於這些問題，中華偉大的先祖們早就已經分類完成、解釋清楚了，也因此有了「方以類聚，物以群分」的概念。

　　將擁有相同特點的事物聚集成某一類，就是「方以類聚」。「方」就是所有事物的統稱，包含看得見與看不見的、宏觀的與微觀的，皆稱為「方」；而「物」則指所有的有形之物。物是以群而分、以類而聚，而宇宙間的萬事萬物按照特點，總共可分為五大類。

　　五大類之間，彼此都有互動，並不斷地相互影響和干擾。中華先聖以最簡單的名稱來稱呼此五種分類——木、火、金、水、土，而這五大類之間相互干擾、影響的現象，就是「相生相剋」。「相生」是正向的助力，「相剋」則是互相干擾與破壞。此外，在五大類之間總共存在著四種相互影響的關係，即「生剋乘侮」，透過這些關係，就能判斷出某一類的人、事、物處在具有某個特性的環境中的結局好壞，也就是所謂的「吉凶」。

✪相互生旺的理想關係

還記得〈說卦傳〉中，八卦將萬事萬物分成八大類嗎？那為何此處又分為五類了呢？其實，八卦屬性的那八大類，正是建立在這五類的基礎上。

四象生八卦，而「四象」指組成物質的四種力，包括中國五行觀念中的「木之力」、「火之力」、「金之力」與「水之力」，也可稱為印度佛教觀念中的地、水、火、風等四大種類。第五大類「土」則由四大類和合而成，並不是單獨存在的。雖然八卦的八類是從四象延伸出去的，但其實何止八類呢？八類再各自往外延伸八類，就有六十四類；六十四類衍生後，甚至還可以再繼續往外延伸。如此一層一層地延伸，便生出了宇宙的萬事萬物。

「方以類聚，物以群分，吉凶生矣」一句所說的，便是要我們先學會分類，接著再透過這樣的分類來掌握規律。因為將萬事萬物分類後，便能明白類與類之間的生剋乘侮、旺相休囚死等影響，也就能知道每一類的作用力為何了。

人分五類，以各個分類彼此互動所產生的影響來分析，哪類人能旺哪類人？哪類人能剋哪類人？哪類人能生哪類人？這些問題馬上就能清楚了！舉例來說，一個「土

性人」，應該找什麼類型的人當妻子才適合呢？因為「火生土」、「土剋水」，所以土性人就得找個能「生我」、「旺我」的「火性人」來當妻子；又或者，土性人想要主掌家中大權，要妻子順從自己，那就要挑一個「水性人」來當妻子。水一類的女人可不是水性楊花的那種，而是指性格特別溫柔而卑下的那類，如同水一般，具有柔和而深藏的特性。

同理，如果找到無法「生我」、「旺我」的人當妻子，那這個土性男人的姻緣路就會格外坎坷！舉例來說，由於「木剋土」，如果土性人找了個木類的女人做妻子，必定會感到特別累。因為木類主生發，所以木性的女人天天都朝氣蓬勃，腦袋裡想法很多；反之，土性則是敦厚、包容而沉靜的。比起出去闖蕩，土性人更喜歡安穩、平靜的生活，與木性人的特質正好相反。由此可知，木、土兩類的人相處起來，也就不甚契合了！

另外，土性人若娶個金性的女人為妻，一樣難逃勞累！因為金主「收穫」，金性人喜歡花錢，尤其是花錢買奢侈品。基於「土生金」的概念，土性人還得「生」著金性人，必須要努力賺錢，以供金性人花在奢侈品上的全部開銷呢！

換個角度來看，女人也要清楚自己屬於哪一類，才能

知道自己應該要找哪一類的人當伴侶。屬於金性的女人，就要找個能「生我」的土性男人，對方便會無條件地滿足金性的女人所求，並且毫無怨言，彷彿完全地被金性女人給「剋」住了。一旦掌握了這些規律，就會知道如何遵循它去尋找伴侶。只要根據伴侶的類型來判斷，就能夠進一步預測出自己此生的家庭將會是什麼模樣，也就能夠更有智慧地做出抉擇。

☯一見鍾情是激情而非真情

千萬要記得，男女之間最可怕的，就是所謂「一見鍾情」。一般人總認為，一見鍾情好像是一種命中注定般的真情，但事實上可不是那麼一回事！甚至人世間有無數的不幸婚姻，都是來自於那害人不淺的「一見鍾情」。其實男女之間要「看對眼」還挺容易的，一旦對上眼了，常人就會誤以為自己動了真情。但請切記，絕對不要相信那所謂的一見鍾情，因為對於人生、姻緣，每個人都要認清一件事——自己的幸福只能掌握在自己的手裡。

兩個人想要組成一個家庭，長久又穩定地生活在一起，這件事直接涉及子孫萬代，並非一件簡單的事，所以，別將現代的婚姻自由、戀愛自由等觀念看得太過片面而單純了。當然，「自由」是必備條件，但是人比起自由，更需要懂得「規律」。況且，自由去戀愛的同時，也

得知道什麼才是「真正的自由」。

戀愛關係中所謂的「自由」，不是毫不保留地誇讚對方、表達愛意、與對方步入禮堂那麼簡單。說到底，所謂的「一見鍾情」就是一種短暫的「激情」，無法長久維繫。當人追求不到、求之不得的時候，激情是永存的；當追求到了以後，原先的激情反而不復存在了。現在很多年輕人都深受「一見鍾情」所害，在輕易地步入婚姻後，才發現彼此之間的各種不適合，這樣的關係頂多維持個幾年，最終多是分離收場。將激情錯當成婚姻的真諦，不僅是害了自己，也是害了別人。

所以我們一定要建立一種正確的知見及思維，接下來才能有適當的行為並且做出正確的抉擇。做事務必要理智，不能憑藉一時衝動去做決定，因為當人完全無視規律時，就是「凶」。「一見鍾情」就是一種盲目而衝動的感覺，人都有可能在某個瞬間被對方的諸多特質給打動，但等到激情過後，就會忽然發現對方其實別無其他優點！

當然，一定有些因一見鍾情而結婚的夫婦，經過多年婚姻生活依舊很幸福、美滿的，但是，那其實只是「瞎貓碰到死耗子」罷了！婚姻大事，一定不能只相信自己的主觀感覺，理性才是最重要的。言情小說裡總是上演著各種狗血、激情的戲碼，彷彿唯有無盡的纏綿悱惻才有賣點；

而現實中的婚姻日常，卻是看起來毫無賣點、枯燥繁瑣的柴米油鹽醬醋茶。

☯吉凶取決於是否掌握規律

什麼是吉？什麼是凶？吉凶又是怎麼來的？

首先必須知道，每個人自身命運的吉凶，一定是由自己決定的。

人只要掌握了世界的真相與發展規律，就是「吉」，所有的判斷與決策一定都是正確的；如果無法掌握世界的真相及規律，任何事情都單憑自己的主觀感覺去決定，一定會是混亂而又錯誤百出的，也就是「凶」。

試想一下，假如你現在是一間公司的老闆，那麼，你每天要做多少的決策？又該怎麼保證每次決策都是對的，都能讓公司業績蒸蒸日上呢？事實上，絕對不可能只是憑感覺、看榜樣、看現實，最終你還是得知道真相、掌握規律。只要掌握了規律，順勢就能將吉凶把握在自己手中。而「物以類聚，人以群分」的分類概念，正是最淺顯的宇宙規律之一。

透過《易經》中的「大衍筮法」對人間世事進行推演、占卜，得到卦辭和爻辭後，便能得出吉凶。卦辭和爻辭能給人許多的提示和資訊，並呈現出事物更深層的含

義，關鍵就在於如何經由學習規律，將其解讀透澈。大衍筮法本身的作用就是掌握規律，所以，學《易經》便要先熟練地運用大衍筮法，以得到爻辭和卦辭，然後才能更深入學習如何解讀，包括爻在卦中位置的含義、卦在六十四卦中位置的含義等。

易學人生金句

根據一定的共同特性來對萬事萬物進行分類，一旦分類完成，就能掌握吉凶，知道事物的發展趨勢和結果。

第三節　看清「象天法地」的主次關係

【在天成象，在地成形，變化見矣。】

萬事萬物並沒有一定之規，而世上也沒有所謂真正的「不變」，唯一不變的，其實就是「變」！而「易」就是「變」之意，但在「易」之中又有那「不變」的本質存在，也就是「綱常」、「天道」與「規律」。

易一旦落地運用於人間，勢必得不斷地、規律地去變。現實中的有形之物沒有所謂「恆常」，而是會經歷成、住、壞、空等階段，就是一段「變」的過程。

☯「地」是被動的執行者

「在天成象，在地成形」這一句話所闡述的，便是真相、真諦和規律。

所謂的真相，就是「在天成象，在地成形」；而真諦則是「變化現矣」，指所有的變化全在這天地之間。

細說其中，「在地成形」指地上形成了有形之物，那麼，「在天成象」又該如何理解呢？〈繫辭下傳〉言：

> 古者庖犧氏之王天下也。仰則觀象於天，俯則觀法於地，觀鳥獸之文與地之宜，近取諸身，遠取諸物，於是始作八卦，以通神明之德，以類萬物之情。

可知伏羲創八卦的目的，是為了要開啟後人的智慧。中華文明就是按照「先知天，再知地」的順序而來，也就是「觀象於天」及「觀法於地」，「象天法地」而來。

天是什麼？象是什麼？為什麼天的序位在前？為什麼地的序位在後？其實當中含有「主次」、「先後」之分。人肉眼所見的全是「形」和「地」，都是「地上有形」之物，包括人周遭相關的所有人、事、物，以及地上發生的一切成、住、壞、空。

因為形被主宰著，所以是被動的。針對這一點，可以進一步思考：我們認為自己在現實中的一切行為，全都是「我」的意識作用於「我」的大腦後所做的決定。那麼，這個「我」是誰呢？「我」的意識又是如何做決定的呢？

一般人都會認為，自己，也就是「我」所做的決定，是透過我對各種事物的觀察，再運用我的大腦來進行邏輯性的分析、判斷與推理後，最終由我的大腦發出指令去驅使我行動，似乎一切都是由我的大腦來決定的。

若是如此認為，那其實就是不懂科學、不懂真相了！

真相是，你所做出的決定，不是所謂的「大腦進行了分析、推理後所下的判斷」，那只是你以為自己深思熟慮後所做的決定。其實，你就是你自己的主宰！此處的「主

宰」可不是指你的大腦、肉身或者意識，因為這些都不是真正的你。一切的決定，都不是這個「你」做出來的，也不是「你」的大腦做出來的，更不是所謂的「深思熟慮後的判斷」。

現代的腦神經科學實驗發現，在人的大腦做出判斷之前，其實就已經先做出了決定。意思就是，其實是先有了決定，接著人的大腦再去進行判斷，所有的「深思熟慮」只不過是在替自己的判斷背書、找理由而已。

大腦不是主宰，而只是一個執行者。大腦的中樞神經發出指令，便是一個執行過程，背後還有一個真正的主宰，也就是「真的我」。真正的我也決定了我的命運，也就是孔子所言「在天成象，在地成形」的真相，而現代的西方科學實驗所驗證的，正是這個結果。

☯「天」才是背後的主宰

所謂的「形」，指的便是人所做的每一個決策。既然已知人所做的決定不是以大腦的物質為基礎，而是上面有個「主宰」先做了決策，於是人的大腦才跟進。那麼，主宰這一切的，究竟是什麼呢？

所謂的「主宰」，就是「天」，是主動的。「在天成象」所言，即是主宰的主體！也就是說，先有了在天所成

的象，也就是真正的決策；其後，「在地成形」則是說由人的大腦按此象做出相應決策，才會被動地產生一個形，也就是「變化見矣」。「變化」所指的即是「現實中的變化」，只因為「天」變化了，現實才會隨之改變，並不是根據現實中的狀況去變化的。現實中的所有變化，都只是在「地」將「天」的變化呈現出來，而這「變化」是有方法、有手段的。

既然大腦只是個執行者，那麼，如果能找到那個背後的主宰，並與之溝通，甚至去說服、改變它，就能讓它在我們生命中的每一個選擇關卡提供指示。以「感情」這件事來說，當這個萬能的主宰按我的要求發出指令，便能引導我在眾多人選中，找出能攜手共度一生的那個人。如此一來，這段感情包含生發與進展的整個過程，也就是「在天成象，在地成形」的規律作用於人世間所呈現的樣態。

☯有道而又懂術，通理而又能用

前面曾說過，「天」就是所謂的「靈」；與天溝通，就是「通靈」。若想將易學得通透、明白，就必須先通靈！而所謂「通靈」就是找到「真我」並與之溝通的技巧，需要由明師來傳授具體的方法，先掌握了「在天成象，在地成形」的規律後，現實中的所有變化也就都能掌握了。

那些由明師所傳的方法或手段，都是密傳之法！易學是儒家的智慧，《易經》中更含有孔子的密傳之法，包含〈繫辭傳〉中的諸多內容也都是密傳的，只能由師父當面對弟子傳授。所謂「真法」，除了顯、密之分外，還有心法，而顯、密、心三者相合所成就的，便是一套完整的智慧體系。唯有真正修得以後，才是「既有道而又懂術，既通理而又能用」。

言至於此，相信有一個概念已深植人心──學易必須先知天，因為天就是主宰。所以，〈繫辭傳〉開篇就揭示了「天尊地卑」之理，學易之人一定要擺正自己的觀念，將天視為第一。中華老祖宗的智慧之所以在現代都失傳了，就是因為後世的炎黃子孫都找不到天、不知天了；中華的先祖之所以那麼強大，正是因為聖賢們做任何事都不離天。學易說到底就是通個「理」，但通此理後所樹立起的正知正見，必定讓人一生都受益無窮！

易學人生金句

現實中的有形之物沒有所謂「恆常」，而是會經歷成、住、壞、空等階段，就是一段「變」的過程。

第七章
極簡天道在複雜人世的運作規律

《周易‧繫辭傳》第一章（五）

如同中華的先聖一般遵循天道行事，

便能成為得以供後世典範的「三不朽」之人！

天道的本質高妙而純粹，

其規律在世間作用不息，

關鍵不在於那些遇事時的機關算盡，

更不在於那些處處計較的思量之心。

若想在人生中將天道的價值發揮得淋漓盡致，

其實就如同「本能」一樣簡單！

第一節　天道在人間的價值

根據八卦的哲學之理，孔子將神授的智慧體系重新編撰而成儒，揭示了宇宙自然運行的真相和規律。從伏羲、黃帝等上古聖人所處的年代至今，中華民族一直都在運用這套智慧體系，它與西方的「應用科學」截然不同。

雖說是哲學之理，但是中華的傳統智慧體系並不是形而上 (註) 的純哲學，而是能被反覆運用於現實生活中的實用科學。

☯局部的科學與整體的智慧

隨著科學方法的廣泛運用，西方的科學體系以當時西方的自然哲學為基礎，逐漸轉變為一種源於實驗和數學的可靠方法體系，最終與西方哲學的其他領域分道揚鑣。直到十八世紀末，「科學」才真正開始被稱為「科學」。而西方的科學體系中，只認可透過實驗所得出的資料和結果，形成了可以重複驗證的定理及定律，再由此發展出基礎科學、應用科學等。西方科學體系是先立足於「研究物與物之間的物理關係」，接著再將眼光放遠，著眼於發展現實世界中的物理規則。簡單來說，西方的這套科學體系是「局部」的。

※註：形而上，指超脫於事物形體之外者。與「形而下」相對。

而中華的智慧體系則是具有「整體性」的，是一套關於宇宙自然中高、低緯度的體系，可以被應用在人、事、物等各方面，更涉及人與物之間、人與人之間的關係。同時，中華的智慧體系還涵蓋了科學體系，使得它不僅能在物理規則下被驗證，更能在人的生命過程中被驗證。

☯追求永恆不朽的傳世價值

在中華，人一生所應追求的終極目標，是成為「三不朽」之聖人，也就是能「立德」、「立功」、「立言」之人。以上三者中，西方的科學體系僅能用於實現一部分的「立功」，也就是如何將「事」做好上。

就現在的教育而言，目前全球都是以西方的教育體系為主流，而西方的體系又以自然科學為主要的學習內容，看重數學、物理、化學等學科，並以商業價值、科技發展為首要目標。相反的，對於其他如人文、人倫、哲學等內容的教育則被置於次要地位，甚至弱化了。這種教育體系存在著一種巨大缺陷，也就是完全丟失了立德、做人，以及要以「樹立典範並將之傳承」為目標的教育方針。

「做人」這件事，是中華智慧體系的啟蒙教育最重視的。所謂的「做人」，就是要學會如何立德、了解為何立德後，才去學如何做事，因為人生的終極目標其實是為了

「立言於世」。樹立能夠傳承給後代子孫的美好德行與典範，就是人終其一生應追尋的價值。

如果只學會了做事，就算自然科學、物理、數學、化學等科目學得再好，甚至成為一個傑出的科學家，這樣的人生也是有極大缺陷的！

這個世道下，每個人都在錢、資產等方面較勁，彷彿只要誰賺的錢多、資產多，誰就更有價值、更厲害、更了不起了。現代科技跑在最前面，但是，人的信仰和心靈卻被遠遠地拋棄在後面了！這是一種物質和精神的割裂，當兩者的距離被撕裂得愈來愈遠，可能在我們還來不及去覺察、關注時，毀滅早已悄然無聲地來臨了。

所以，人類的現況其實很危險，因為我們正處在毀滅的邊緣。而一切肇因於社會上只注重在個人「立功」的方面，卻不知道人還需要「立德」。如果一個人只會做事而不懂得做人，其實就等於沒有了根基，而沒有根基的人，最終都會在某一瞬間毀滅、消亡。

◉層層劃分的天道結構

以孔子所傳授的這套體系模型作為框架，再去看身邊的所有人、事、物時，我們所看到的，就會是一個又一個的結構體系了。

以「企業」為例，一個企業就是一個結構體，必須先看這個企業的天和地，檢視其是否「天尊地卑」、「乾坤定矣」？確定了天地之後，接著就要再去看企業「綱常」的狀態，是否「動靜有常」？而確定了動靜之後，便要以「物以類聚，人以群分」的概念來看，這個企業當中各部門的體系劃分是否清楚、完整，以及是否能制定出各自的方針？透過這樣的框架模型去觀察一個企業，基本上就能判斷出它符不符合天道規律，那麼，此一企業的營運狀態與前景，也就昭然若揭了。

　　當第一層、大方向的系統定位和結構沒問題了，再往下進入較小範圍、劃分較細的第二層，這也就是在《周易·繫辭傳》第一章的下半段所示之理，因此以下將分段、分節來詳細說明。

第七章　極簡天道在複雜人世的運作規律

易學人生金句

人一生所應追求的終極目標，是成為「三不朽」之聖人，也就是能「立德」、「立功」、「立言」之人。

第二節　陰陽作用於地

【是故剛柔相摩，八卦相盪】

在天為陰陽，在地為剛柔，在人為仁義，而「剛柔相摩」則是指陰陽在「地」這個層面上的互動。

☯陰陽互動使八卦重新配置

前面提到「在天成象，在地成形」，說明萬事萬物要在先天已經「有」了，才會在地的現實中成「形」。萬事萬物一旦在現實中成了形，陰陽就開始相互而動，而這種陰陽之動，就是在地的「剛柔相摩」。此處的「摩」，是用以形容一種沒有縫隙、不分離的互動。

陰陽是組成八卦的最重要因素，而「八卦相盪」則指因為陰陽之間有所消長、互動，使得八卦變化、動盪的過程。這裡的「盪」就是「變化」，而「相盪」則指「重新配置的狀態」。

☯六子卦牽涉事物的發展趨勢

八卦的運行及陰陽互動都是在「乾」和「坤」的範圍內進行的，也就是在「天地」的範圍內。乾坤就是天地，天地定位了，乾坤就不能動了，而乾坤一旦定位，代表大

局已定。在八卦中，乾、坤兩卦是定的，不能移動，又稱為「父母卦」。

八卦之中，除了乾卦與坤卦以外，其他六個卦都是子卦，統稱「六子卦」。子卦是可以動的，而這六個子卦之間相互作用、運轉、消長和轉化，在變化的過程中同時也推動一切事物不斷地往前走，形成了包含成、住、壞、空的發展趨勢與最後的結局。

易學人生金句

萬事萬物一旦在現實中成了形，陰陽就開始相互而動，而這種陰陽之動，就是在地的「剛柔相摩」。

第三節　父母卦與六子卦的運行之理

【鼓之以雷霆，潤之以風雨，日月運行，一寒一暑。】

「鼓之以雷霆」中，「雷霆」代表的是震卦和離卦；「潤之以風雨」中，「風雨」代表的是巽卦和坎卦；「日月運行，一寒一暑」中，「寒暑」代表的是艮卦和兌卦。

而震卦、離卦、巽卦、坎卦、艮卦以及兌卦，此六者即為「六子卦」，它們在父母卦——乾卦與坤卦之間不斷地運行。

☯先天為乾

由於天上雷霆鼓盪、氣流運動，於是就產生了風雨以潤澤天下的大地，促使大地上的萬物開始生長。而天上的日月運行，造就了晝夜的交替，也使得世間有了寒來暑往等季節變換，大自然中一片生機勃勃。在這「乾坤定矣」的天地間，大自然的一切都是運動著的。

在著手做一件事之前，通常都會需要「預測」，因為每個人都希望能對自己將要做的事瞭若指掌。究竟能不能開始做？起頭會不會有障礙？開始進行後會面臨什麼樣的發展過程？最後能不能圓滿地結束？這些問題勢必都要先釐清，而方法就是需要先了解宇宙自然中萬事萬物的運行規律。

當萬事萬物一生出時，就有了「先天」和「後天」。所謂「先天」，就是各種機緣不斷聚合的狀態，而一旦先天的各種機緣都聚合有成，這個事物也就能開始了，也就是乾到位了。

☯後天為坤

萬事萬物若只有「先天」也不夠，還要有「後天」，而坤就是「後天」。

如同種一棵樹要先有種子，種子就是先天。高聳的大樹首先需要先天運作而來，但是，光有種子也種不成樹，除了要將種子埋進土裡之外，還需要雨水澆灌、陽光照射，如此一來種子才能發芽、成長。這一個過程，也就是「坤道」。

先天所具備的條件就是「乾」，後天所具備的條件則是「坤」，有了先天和後天的條件後，乾坤就定位了，事物也就能成形了。但是，埋下種子、悉心照料後，究竟會

易學人生金句

所謂「先天」，就是各種機緣不斷聚合的狀態，而一旦先天的各種機緣都聚合有成，這個事物也就能開始了，也就是乾到位了。

長成什麼樣的樹呢？生長的狀態又是如何呢？這些問題的答案，就交由六子卦來決定。

透過大衍筮法得出一個卦後，每一卦中都有六爻。知道了先天、後天為何與各自的狀態後，更能透過爻與爻之間的變化得知後天發展的趨勢。由此可知，透過卦和爻兩者，幾乎可以看出事物的一切訊息。

第四節　天道讓生命課題化繁為簡

【乾道成男，坤道成女。乾知大始，坤作成物。乾以易知，坤以簡能。】

任何的人或事物，包括一個企劃、一段感情等，要是想有所成就，就一定要先將乾坤定位，接著由震、離、巽、坎、艮、兌這六子卦之間相互運作，進而決定一切成形事物的發展趨勢。

因為「天尊地卑」，所以在乾與坤兩者中，乾是最重要的前提。如果沒有乾，後面的坤就無法有用，也就作不成萬事萬物了！

☯天道是極其簡單的規律

「乾道」是乾的規律，「坤道」則是坤的規律。透過「乾道」，就形成了宇宙間所有的雄性、男性事物；依據坤的規律發展，宇宙之間的雌性、女性事物便得以形成。即「乾道成男，坤道成女」。

接著，所謂「乾知大始，坤作成物」說明了乾是先天，而由於先天的各種因緣聚合，所以有了乾。有了先天才有一切的開始，有了先天才能在後天成物。至於在後天如何能成物？可由「坤作成物」看出，坤代表著大地和包容，即為後天成物的條件。

而乾與坤之間的關係，也就是先天與後天之間的關係。「乾知大始，坤作成物」所言就是「規律」，也就是萬事萬物都是先有了先天，在後天才能成形、成物。那麼，先天和後天的特點又分別是什麼呢？這就是接下來的「乾以易知，坤以簡能」所要說明的。

「乾以易知」是先天的特點，而先天的特點相較於後天的特點，可說是非常簡單的！先天的乾所代表的就是天道，天道並不複雜，所以言其「易知」，就是「非常簡單」的意思。

先天怎麼會非常簡單呢？先天不是應該要非常複雜嗎？事實上，先天如果真要複雜起來，可是極其複雜的。

舉例來說，一個生命的誕生是一件簡單的事嗎？「生孩子」這件事需要特別學習嗎？如果複雜地看待「生子」一事，想必是要好好學習的，但事實上，在生理結構都正常的前提下，任誰都會生孩子！地球上所有動物都會生孩子，就算沒有特地去學習也會。「生孩子」這件事之所以簡單，正是因為它是按照規律而行的，宇宙自然的規律就是如此，所以我們天生就有這種本能。所謂的「本能」，不正是最簡單的東西嗎？

男歡女愛、精卵相合、母體孕育、孩子誕生，少少幾個階段與步驟，乍看之下，生孩子多簡單啊！因為這是本

能，都是先天的、最簡單的定理與規律。所有的問題都來自於「該怎麼用」？

☯別將本能與規律複雜化

同樣以「生孩子」這件事來說明規律的實際運用，務必牢記，愈是多想，反而就愈是生不出來了！

男女之間動情、結合後，不經意間就懷孕了，一切遵照本能，是很自然的狀態。但是，一旦將其複雜化，麻煩也就來了。如果強加意念在其中，不斷迫切地想著要生孩子、要計算容易受孕的日子與時刻、要計畫好孩子將在哪一年出生、要避開某些生肖……千算萬算，結果那心心念念的「最佳時間」到了，卻是緊張得不得了，感覺也都不對了，到頭來仍舊無法順利懷孕生子。

曾經有則讓人啼笑皆非的新聞，報導的主角是一對同為化學博士的夫婦，結婚三年了卻都沒有孩子。兩個人的外表看起來都是正常、健康的，沒想到，經由醫院檢查才發現，妻子居然在結婚三年後都還是處女！原來，這對化學博士夫婦結婚後潛心研究生孩子的化學公式，將妻子視為「陰性的分子」，丈夫則是「陽性的分子」，以為只要彼此透過牽手、擁抱等接觸，陰性分子和陽性分子就會產生化學反應了。但事實卻是，若沒有精卵相合，是絕對無

法有孩子的！

　　若將最簡單的規律複雜化，先天的東西也就出不來了。如同上述那對化學博士夫婦的例子，世間有很多的不孕、不育，其實就是肇因於「想得太多」、「想得太複雜」，甚至有些人把「生孩子」這件事想得太過神聖了。有些受不孕所苦的夫婦折騰到最後，只能死了這條心，乾脆去領養一個孩子；沒想到，將生孩子的念頭打消後，不出幾個月就懷孕了！規律不難，不要將其複雜化反而更能得到結果，這其實就是「乾以易知」的道理。

☯遠大目標也要從簡規劃

　　就算理想再大、目標再大，都需要簡單一點，不必那麼複雜！別一開始就把要做的事情想得那麼複雜，也先別設想得那麼周全。其實做事跟生孩子一樣，每個人自然都有想做事、想成功的動力，那就順其自然去做即可，不用設想那麼多。

　　很多人在創業計畫剛起步時會想得很多，甚至有些所謂的「經驗人士」會建議創業者在初期就要先規劃往後數十年的發展目標。為了讓公司上市，現在該著手做哪些準備？為了公司上市之後的發展，現在又該怎麼拓展業務？若是一開始就糾結在這些未來的問題上，將事情搞得極其

複雜，到最後必會以失敗收場。

許多成功的人反而根本不會想那麼多，想開超市就開，想怎麼經營就怎麼經營，經營得久了、上手了，自然會生出感覺來，接著便能多開幾家分店，等到串起整個物流系統後，也就塑造出企業的整體風格了。也許某日回頭一看，已經開了上百間分店，銷售也屢創佳績，這時候再來思考上市，所有條件也都具備了。就如孩子自然而然地就生出來了一樣，一切似乎就是這樣順其自然而成功的。

開頭想得太多、太複雜的人，基本上都不可能成功。但是，這也不代表「乾以易知」四個字可以簡單帶過，反而更需要透澈地理解這句話的含義，從中得到智慧，並將這智慧運用在現實生活中，讓它指導我們應對人生中的各個不同狀況。所以，在學易的時候，一定要勤於思考。

☯勇往直前的莽夫勝過瞻前顧後的秀才

有句俗諺說：「秀才造反，三年不成。」細想，從古至今，眾多的秀才、讀書人或者知識分子中，幾乎沒有成為「造反者」的，因為他們大多是擔任「參謀」一職，也就是「顧問」。顧問一職，一不當領頭羊，二不當將軍。而知識分子不當領頭羊的原因，正是因為他難免會「想得太多」，怕自己會是最先被盯上的那個，也怕自己會先被

抓、被殺；同理，將軍的職責就是衝鋒陷陣，要憑藉極大勇氣上場殺敵，但是知識分子總是想太多又瞻前顧後，不僅要留意馬匹的狀況、挑選合適的武器、研擬天衣無縫的戰略，還要擔心自己是否會在此次出征丟了性命。儘管想得那麼多，但只要箭一射過來，顧慮再多也都沒用了。

所以知識分子不適合當將軍，他們就只能當參謀或顧問，躲在王的身邊出謀劃策，不用去衝鋒陷陣。就算最後敵兵殺過來了，參謀也不是首要被擒獲、問罪的對象，馬上就可以逃跑。雖然到頭來成不了大事，頂多就是返鄉耕田和讀書，卻也還算安穩。

而歷史上有許多奮起造反的勇武之人，很多都是沒文化的「大老粗」，就是那種隨時能與人拚個你死我活、勇往直前又不會畏首畏尾的人。雖然這一類人看似有勇無謀，但反而比做任何事都瞻前顧後的秀才還更容易成功。

☯卦是參謀，行動在我

既然說「乾以易知」，是否表示當我們想做什麼事情時，只要一鼓作氣地去做就好了，不用想太多——這就是真正的「智慧」了嗎？既然學易了，是否代表只要先用大衍筮法起個卦，預測出一個結果後，再決定要不要去做，才比較保險呢？切記，絕對不是那麼一回事！必須要好好地去理解，其實就算學了起卦，也不能將它視為事事皆不

可或缺的工具，更不能將起卦的結果當成唯一的做事準則。占卜所得出的卦是為了「給人提示」，是種參謀，而其餘該做的事，自己想清楚後也要主動去做。

　　歷史上也有許多例證，如「周武王伐紂」一事，當時周武王雖然感覺各方面的條件都備齊了，但是心裡卻仍舊沒個底，於是便為自己測了一卦，結果得了一個「大凶之卦」，提示這一仗將出師不利，有大凶之象。占卜的結果讓群臣陷入猶豫與恐慌，沒想到，姜子牙一看，馬上就要大家別將它放在心上，並強調：「我們現在拚的是一番正義的事業，這種替天行道之事，哪有大凶的？上吧！」最終的結局，當然就是周直接發兵將昏庸的商紂王給滅了。

　　如果周武王當時遵循卦象上的提示，腦中的想法與顧慮就會開始多了，等到要去做事的時候，就會考慮給自己留後路，導致各方面都難有所成。如此一來，歷史就會被全部改寫了！重點就是，學易之人千萬不可執著於易，也不能依賴易，因為易就是人身邊的參謀，能看到常人所看不到的細節，但最後做主的依然是我們自己。

　　「乾以易知」所強調的便是一種做事的定律，當我們想要做一件事時，不管接下來事情將會如何發展，該做的事、想做的事都必須直接去做，別想太多，也不要瞻前顧後、猶豫不決。要記住，任何事情都有它的兩面性。

就先天而言，「發心」是最重要的因素。我發心了，哪怕天時、地利及人三者全都不合，只要我發心特別地強烈，也可以放手去做，不必想那麼多。所以天道就是如此簡單、易行，起心動念了，去做就對了。

☯化繁為簡才合乎天道

接下來談「坤以簡能」。而坤道的特性就是「順乎天道」，同樣的，坤也不複雜，它就順從著天意而生萬物，其中沒有什麼繁複的道理。當事成了以後，也別進一步將它規劃得更加複雜，反而要「大道至簡」，做人、做事都要盡量去繁就簡，以符合天道。坤為地，如果坤的事太多、顧慮太多、想法太多，那麼，大地上的植物就不好生長，動物也就不好生養。上天有好生之德，天有陽光普照萬物，有雷霆去鼓動天地之間氣流的運行，它能帶動風和雨去潤澤萬物；而大地順應著天道，只需要默默地承載。所以「地之道」就是「順應天道」，最大的天道就是「順其自然」、「順應自然」之理。

再舉「生孩子」一事為例，當母親自然而然、簡簡單單地懷孕後，孕育於母體中的孩子就已經有形了，代表先天已經具備、來到了，於是母親就要像大地一樣生養孩子。而後天生養的定律便是「坤以簡能」，也就是說，還是要簡簡單單、順其自然，以合乎最高的道。

不過，順其自然地養孩子，是不是就等於放任、不負責任了呢？難道不應該幫孩子的人生提前做詳細的規劃與準備嗎？許多人從備孕期間開始算起，中間經過十月懷胎、哺乳期、嬰兒期等階段，無不為孩子計畫周詳；有些甚至連後續的求學、就職、成家等人生要事，也都替孩子安排好了。但是，這樣一來，等於違反了易的大原則。

易的象形字，上面是一個太陽，下面是一個月亮，代表著「陰陽」。為什麼這個字叫「易」而不叫「難」呢？其實正是因為「易」所代表的是天地運行之道，也就是陰陽的消長、轉化之道，是非常簡單的規律，簡單到使得一切「順其自然」就是最理想的狀態，正如《道德經》中所說的：「人法地，地法天，天法道，道法自然。」

孕育孩子、生養孩子的過程中，一切都要以自然的狀態進行，即所謂「簡能」。別去賦予這段過程過於繁複的計畫與功用，而應該追求簡單與自然。愈是費心安排，孩子的生命軌跡反而愈可能遭受扭曲，這可是有統計資料能夠佐證的！

☯優秀的人才不一定是優秀的父母

從將近三十年來、累積了上千筆的臨床個案中可以發現，其中成年人和青少年的精神疾病、憂鬱症等症狀愈

來愈普遍了，有些甚至產生了自殺的念頭或行為。青少年的精神問題就表現在叛逆、反社會、抗拒上學等行為上；而成年人的精神問題，則是表現在各種恐懼、不安的反應上。無論是成年人或者青少年，凡是這類心理不健康的人群，都有一個驚人的相似之處——他們都有一對「控制型的父母」。

而所謂「控制型的父母」，指的就是現實中那些「特別負責任的父母」。「負責任」本身沒有錯，但若是負責任過了頭，或者方向不對，就會變成「控制」了！而過度的控制，當然是有問題的。

針對近十年來，曾因為憂鬱情緒而有自殺行為的青少年做調查，統計他們的雙親從事何種職業，結果顯示，高居榜首的前三名職業分別是教師、醫師、公務員。教師本來就是專門從事教育的，理論上不是更應該知道如何教育孩子嗎？醫師和公務員都是文化水準很高的一群人，照理來說應該也會給孩子良好的教育不是嗎？為什麼從事這三種社會聲望高、經濟狀況穩定職業的家長，所教養出來的孩子，會有比其他家庭的孩子更高的自殺率呢？背後原因值得思考且耐人尋味。

試想，憂鬱、拒學等精神問題，怎麼就不常發生在農民和流浪漢的孩子身上呢？生活在窮鄉僻壤的那些孩子，

日子過得吃不飽又穿不暖的，加上父母幾乎都是文化水準較低的農民，使得他們在社會上也容易連帶受到歧視與欺凌。但是，就算是被人瞧不起、沒錢能讀書，種種困境都沒促使這些孩子產生自殺的念頭或行為。小時候在山裡頭亂跑、家長管不了也沒心思管的孩子，反而能長得好，長大以後不僅生存能力強，獨立性也足夠，面對挫折與磨難的時候，態度總是無所畏懼，也沒有什麼顧忌。

　　相反的，教師、醫生、公務員這類人，他們在求學階段通常都是佼佼者，擁有好的學歷與工作經歷，但是他們成為父母後所教養出的孩子，卻常產生諸多問題。愈是優秀的「學霸型」父母，也就愈容易演變成「控制型」的父母，帶給孩子極大的壓力。因為他們都極其的負責任，並且覺得自己是成功的，理所當然就會規定孩子按照自己過往成功的路徑去走。

　　父母學生時代在班上都是前三名，所以孩子也要是前三名；父母從小到大都念最好的學校與科系，所以孩子也得考上；父母從事某種行業後，得到了優渥的生活與極高的社會地位，所以孩子也必須跟著從事某種行業……最後甚至連婚姻大事都先幫孩子規劃好了。若真是完全照著父母的期盼走，那孩子早就已經不是他自己了，日子會過得極其壓抑。

☯順其自然並非放任不管

當然了，任何事情都需要從正反兩面來看，講求「順其自然」不代表就是完全放任不管，因為「全然放任」必然有它的問題存在。

在無數的案例中，還有另外一種情況，也就是在「父母對孩子極度控制」和「父母對孩子完全放任」的兩種極端情況中，對孩子造成最嚴重傷害的，其實是父母完全放任、什麼都不管。所以，相比之下，與其放任孩子，還不如去控制孩子呢！至少控制也算是一種愛與關照的表現；若是父母對孩子完全放任，那就代表著對孩子的無視，會讓孩子缺乏歸屬感和安全感。在不安的情緒下，孩子就會用各種方式去博得父母和社會的關心或者關注。假使無法透過正常的方式與管道得到關注，那麼，他就會用非正常、反社會的手段，如偷、拐、搶、騙、殺人、打架、自殘等方式，試圖去得到父母和社會的關注。

凡事都求「適當」和「自然」，以避免過猶不及。所以，最好的情況下，無論是「過度控制」還是「過度放任」，身為父母，這兩種極端都不要走。

「乾以易知，坤以簡能」的核心就是，當我們想做一件事，就要將其盡量簡單化並且順其自然，但也不能完

全放任不管，必須把握好一個準則。舉例來說，父母將孩子的食、衣、住、行、人身安全等方面都關注、照顧到位了，或者在孩子需要支援、幫助的時候適時地伸出援手，這些情況並不是「控制」，而是在盡父母應盡的責任。

易所傳達的定律是「別太控制」，為人父母，不要將孩子的人生塞進一個既有的框架中，逼迫孩子按照你的標準長成你所要求的樣子，因為這些行為都是「控制」，不符合天地之道，會讓孩子的人生扭曲、畸形。其實不只是教養方面，做人、做事都應以簡單、順其自然為導向，但簡單並不等於直接、直白，更不等於無知。簡單的道理背後，仍有需要深思才能領悟的奧祕，所以雖說「乾以易知，坤以簡能」，一切順其自然，但也絕對不能放棄動腦思考。

第七章　極簡天道在複雜人世的運作規律

易學人生金句

任何事情都需要從正反兩面來看，講求「順其自然」不代表就是完全放任不管，因為「全然放任」必然有它的問題存在。

第八章
遵循至簡天道的成功者模式

《周易‧繫辭傳》第一章（六）

真正的大智慧是非常簡單的，

不必連篇累牘地講解許多專有名詞，

而是能用最簡單的話語提點的高深之理。

就如中華的易學，一切的規律與原則都以「簡」為主。

運用這般化繁為簡的思維來待人處事，

或者處理人生中的各種課題，

就如同是以成功者的模式在生活，

不僅能於現世創造最大效益，

甚至還能得到足以傳世的不朽價值。

第一節　大而化之的處世智慧

【易則易知，簡則易從。易知則有親，易從則有功。】

透過易的繫辭，聖人告訴我們的是世間做事的大原則——簡簡單單的，別將事情想得那麼複雜，別太工於心計，做事到「差不多」的程度就行了，也不要去鑽營枝微末節的地方，而要看大方向。但是，「順其自然」不代表就「不算計」了！只是提醒人不要凡事都斤斤計較、過度算計而已。

從大原則上來看，做人就是「易知則有親」；做事要能成功，則是「易從則有功」。善於妥協、安於簡單，不要太斤斤計較，這些就是待人處事所要把握的大方向。

☯要有親，就別做至清之水！

易知，也就是「容易了解」；易從，指「非常簡單地就能順其自然」。而學易的目的，是為了樹立正知與正見，如此才能在現實中做出正確的決策，做人、做事才能成功。

「易知則有親」則說明簡單、坦蕩的人有「親」，也就是有人願意與之接近，這是做人的道理。所以，做人必須簡單、坦蕩一點，別那麼算計、陰險又狡詐，城府也別

那麼深，心裡別老是盤算著那些複雜的心計。愈簡單的人就愈快樂，愈是快樂的人，大家也就會更願意接近了。想像一下，若是要做到「水至清則無魚」的程度，需要對他人算計多少呢？做最聰明、算得最精的水，容不得任何的雜質與汙穢，甚至不惜將汙穢都給別人去承擔，也要保持自己一貫的清澈。這樣過度清澈的水，就連魚都不願意接近了，還談什麼「親」呢？

同理，做事愈是能夠簡簡單單、順其自然且少一點算計，也就愈能成功，即「易從則有功」的含義。現實中，有很多與利益相關的合作，如「買賣房子」一事，假使買賣雙方條件談不攏，那勢必是其中一方特別計較！一筆上千萬的房屋交易，有人只差那幾萬甚至幾千元的錢，心裡就過不去了，僵持不下的結果就是上千萬的合約無疾而終。世間有太多類似的例子，有些人萬般計較卻不覺得自己有問題，反倒還認為自己特別堅持原則。堅持原則固然是好事，但是，在「固執己見」與「得過且過」之間，必須拿捏好平衡。

現實中那些很快樂、運氣很好的人，多少都有點「大而化之」的性格，大家都願意接觸他、親近他，因為他不那麼算計，凡事都是「差不多」就行了，不會產生複雜的是非，做事也容易成功。

☯ 在過與不及之間權衡

經典所闡述的是智慧的至理，告訴我們一些做人、做事方面的成功例子背後的原理與真相，要去理解它，但是不能學「偏」了。不能從原先一個「特別算計」的人，一下子就開悟成了一個「完全不算計」的人，因為這樣只不過是從一個極端走到另一個極端罷了！完全不算計的話，一定會衍生出其他的問題，與其如此，那還不如維持原狀，繼續算計呢！

兩害相權取其輕，就如同剛才所說的教養議題，「控制型」的父母和「放養型」的父母，對孩子而言都是一種「害」，彼此是兩個極端。若真要在其中取其輕者，那麼，寧可去做控制型的父母，也絕不能做放養型的父母。就做事而言，「算計」和「完全不算計」兩者都是害，兩害之中取其輕，那就乾脆算計吧！智慧所講究的，就是要掌握其中的「度」，也就是標準、準則。

夫妻關係也是如此。一對夫妻會共同經歷許多事，要想白頭到老，其實並不容易。現代社會大部分都是雙薪家庭，夫妻倆都要外出工作，在各個場域中會碰到很多其他的男男女女，有時難免就會產生誤會。要是夫妻之間太計較、太較真的話，很容易就會產生齟齬，甚至造成家庭失和。近年中國的離婚率不斷攀升，這之中有許多都是因為

夫妻之間太過計較而造成的。

　　換言之，普天之下那種個性大而化之、對任何事都不太追究和計較的夫妻，反倒能夠幸福長久、關係美滿，他們之間的相處模式想必也是不計較、不鑽牛角尖的，生活中的種種爭吵與猜疑也就減少了許多。

☯掌握好做人處事的準則

　　以常理而言，個性尖酸刻薄的人，必定比較難以相處，很難與之維持友誼，也就是「親」不夠。以我們自身來說，如果自己總是吹毛求疵，拿著放大鏡去仔細檢視別人的一言一行，就肯定能看出一些雞毛蒜皮的小問題來，最後也很難跨過自己心裡的門檻去與他人相交。

　　其實很多時候真的只要「差不多」就行了！有時候發生在自己身上的許多事情，當下都會覺得非常嚴重，似乎已經到無可挽回的地步；但隨著時間漸漸推移，某日再回頭看時，就會發現一切都如過往雲煙，什麼事都沒有了。

　　感受到事態嚴重，心情彷彿要被擊垮了，通常都是因為我們自己抓著那件事不肯放手、太過計較了。與人相處也是一樣，若是太計較對方的態度和語氣，或是太計較對方所開出的條件，這樣一來，就不容易與他人順利合作。這些事其實就是在說明「易知則有親，易從則有功」的道

理，人與人之間相處，要學會妥協，也要讓心思變得簡單而不去斤斤計較。

　　易學之理、道之理、佛之理、儒之理等，這些智慧其實都告訴人做人處事要有個「度」，也就是要掌握、拿捏好一個「標準」或「準則」，才是大智慧。

易學人生金句

堅持原則固然是好事，但是，在「固執己見」與「得過且過」之間，必須拿捏好平衡。

第二節 建立可久可大的人際關係

【有親則可久，有功則可大。】

夫妻、事業夥伴、閨中密友、拜把兄弟……人和人之間會建立許多類型的親密關係，並且都希望彼此的關係能夠長久。而情誼能夠長久的關鍵，便是「有親」；當彼此之間的情誼穩健地累積了，相處、合作就能發揮更大的效益，便是「有功」。

☯一切都是「將心比心」

手足之間為了爭家產而對簿公堂、爭個你死我活的事，時有所聞。其實只要其中一人肯稍微退讓，事情大約也就過去了！退一步海闊天空，兄弟姐妹之間不也是這樣嗎？相處幾十年的手足，居然就因為計較那區區幾萬元的家產而鬧上法庭，實在不值得。畢竟錢隨時能賺回來，但手足之情一旦失去，也就很難挽回了。

為人處事，要牢記聖人所說的「有功則可大」，也就是說，看待任何事物時，都要從大方向來看，而不要在小細節上斤斤計較。如果對小事不追究、善於妥協，也就容易做成大事。倘若你不跟別人計較，別人也就不會跟你計較，一切都是「將心比心」。

但是，一樣米養百樣人，生命中難免會遇到那種不懂得將心比心的人，就算你從不與他計較，他依然處處算計你、占你便宜。說到底，會有人願意與那樣的人親近嗎？被那樣的人占了便宜後，會有人永遠都讓著他嗎？不懂得將心比心、滿腦子算計的人，讓人避之唯恐不及，旁人都不願意搭理他，甚至紛紛遠離他了，這就叫「無親」。一個人若是落到「無親」的境地，哪還會有「功」呢？

合作、交朋友等人際互動，都是你我各退一步，相互妥協，彼此禮讓，時間久了，感情自然會愈來愈好，合作的事業也就能愈做愈大，即所謂「有功則可大」。

易學人生金句

看待任何事物時，都要從大方向來看，而不要在小細節上斤斤計較。如果對小事不追究、善於妥協，也就容易做成大事。

第三節　寬厚、不算計，必得貴人相助

【可久則賢人之德，可大則賢人之業。】

與人相處的時候，簡單又知禮讓，且善於妥協又不計較，就是所謂「賢人之德」，此處之「德」即「寬厚之德」。而每個人生命中的貴人，其實都是在平時交朋友、與人互動的狀況下得來的。

☯有容人之德才能成大業

想想這一路以來的求學過程，一直到出社會後進入職場，你總共接觸了多少人？當有一天你遭逢危難，卻沒有任何一個人願意對你伸出援手，那就代表你平時一定沒有「容人之德」，一定天天與人爭利、計較，才會無法建立良好的人際關係，也就沒有「親」了。相反的，如果你對旁人都很包容、禮讓，在人際關係方面不計較，人人對你都有好印象，當你遇到困難的時候，認識的許多人之中，一定會有人願意幫助你。

待人要有容人之德，有德就有福，別人有什麼好事自然也就願意找你分享或合作，即「可大則賢人之業」。現實中那些事業經營得有聲有色的人，沒有幾個是那種斤斤計較、尖酸刻薄的個性。成功者必定具有成功者的模式，「容人之德」便是其中之一，值得我們去效法。

❖不以人為師，而要以經典為師

但是，不能從「人」身上去學！也就是說，不能只將任正非、馬雲或者王健林等成功人士視為偶像，從而學習他們身上的某一個優點，因為這種學法實在太慢了！

若是想真正快速地掌握世界的真相或宇宙的發展規律，就一定得從經典當中學，因為經典中早就將這些宇宙自然的規律都總結出來了。所以，當我們不斷地聽經典、學經典時，就等同於不斷地用經典進行自我薰修，潛移默化中便能與在經典裡得到的大智慧逐漸融為一體。重點就在於要「以經典為師」，而不要「以人為師」，因為「以人為師」終究是充滿局限的。

每個人身上都會有許多缺點，畢竟優點還是少數，能被人發現的優點則又更少了！有些人身上也有值得效法的優點，但那些優點都是深藏起來的，旁人難以察覺。所以，不要向人去學，這樣不僅太慢了，也容易錯過那些隱而不發的珍貴優點。以人為師，所學的是「分散」的，就如分別從任正非、馬雲、王健林三人身上，各取一個你所能觀察到的優點來學習；以經典為師，所學的是「集中」的，因為經典的內容是由彙整而來的，也就是集合了所有優秀之人的品德與優點，將擁有美好共通性的事物都集合在一處了。

待人處事的大智慧都能在經典中學到，所以，學了經典的人，很容易就能成為一個成功人士。而在學習經典的過程中，能直接建立起一套正知見，接著便會形成正確的思維模式和行為模式，也就能運用「成功者的模式」來做出正確的決策了。

易學人生金句

要「以經典為師」，而不要「以人為師」，因為「以人為師」終究是充滿局限的。

第四節　大道至簡，別將它想難了！

【易簡而天下之理得矣。天下之理得，而成位乎其中矣。】

「學智慧」和「學知識」是兩件不同的事。有些專家向人解說某領域的知識時，可能會將簡單的內容講解得非常複雜，讓人摸不著頭緒，以此顯示出他的「專業」。但是，真正的大師，其實能用最簡單的話來講解最複雜的內容。比如極其高深的物理學，如果是由大師來講解，無論是再複雜的理論或操作過程，也一定會運用淺顯易懂的例子來讓人明白。

☯遵從大道，從簡單處著手

愈是真理就愈簡單，愈是大道就愈平易近人。

即使某個學科或領域的內容深奧至極，但它的理一定是非常簡單的！正如我們做人做事，一定要遵從大道，而「大道至簡」，不能將事情變得太複雜，一切都要從簡單處著手。

待人處事也是如此，同樣要本著「大道至簡」的原則，無論是再困難的事情，也一定要記得從簡單處著手。只要把「簡單」的部分先做好了，「難」的部分也就逐漸成形了。

天下無難事，就怕人先把它想「難」了！很多人都容易將簡單的事想得非常困難且複雜，彷彿眼前有重重關卡般窒礙難行，導致都還沒開始做就先打退堂鼓了。因為人常會為自己設下諸多的障礙，讓自己成了那「造反三年不成」的秀才，做事也難成。所以，不要當有勇無謀的大老粗，但也千萬不要當畫地自限的秀才。

☯職場的上下關係也能平易近人

「易則易知，簡則易從」，最基本的為人處事之道，可以簡單也可以複雜。做一件事或者與某個人相處時，應該採取簡單的模式還是複雜的模式？需要好好去琢磨。

與任何人接觸，我們都會面臨相處模式的選擇，可能是簡單直接，又或者是複雜迂迴。例如，職場上有所謂「上司」及「下屬」之間的關係，身為一個下屬，與上司之間的距離之所以那麼遙遠，就是因為想得太多了！有太多的下屬，都將上司想得非常複雜，彷彿對方高高在上、不容冒犯似的，導致不知道該如何與之進行正常的談笑與溝通，總是戰戰兢兢，深怕自己失言。

但那些跟上司關係好的人，其實都是很直接、簡單的人。見到上司時該說話就說話，該開玩笑就開玩笑，談笑風生中又不失禮節、進退得宜，甚至能讓上司也感到輕鬆

愉快。當下屬不認為自己與上司之間太有距離，態度也不會太刻意、做作，如此一來，上司也就不會擺架子了。這就是一種模式的選擇，什麼事都能簡易，也都能複雜。

☯掌握簡單原理，不忘適度算計

萬事萬物只要形成了一種模式，就得盡量向「簡易」靠攏，別總是將其複雜化。無論是打官司、經營公司、相親找對象等，每件事都各有簡單和複雜的模式，端看自己如何選擇。

以成功者的模式來做事，不會一開始就將狀況弄得極其複雜，也不會那麼的精於算計，而是直接就著手進行。但必須重申，成功者並非絲毫不算計，對於投入多少資金、擔負多高的風險，他們心裡仍舊有個底，想著：「我只投資多少，最壞的情況大不了就是這些錢賠光了吧！」設立明確的停損點後，接著就會著手進行。另外有些「想得太多」的人，總覺得必須要有至少三百萬的資金才能創業，結果掙扎好幾年都還在籌備資金的階段打轉，反倒是身邊那些只以三萬元創業的人早早就成功了呢！

這就是易所揭示的智慧，告訴我們做人做事要遵循什麼樣的原則。而此原則是大方向的、普遍的大框架，不能關聯到具體的某個事物或者某個人上，也不能太具象。當面對具體的人與專案，或者是針對具體狀況的時候，還需

要進行個別分析，而不能簡單、直接地照搬原則去套用。

　　易學的智慧運用在待人處事方面，最重要的大原則便是「簡單」，要以禮讓為先。但在追求簡單的同時，也不能走向極端的放任。人與人互動時，講求的是「親」與「功」，與人能長久相處的話，做事也就容易成功。得到了「久」和「大」後，也就有了「德」，有德能使貴人相助，接著就能成就一番事業了。這就是成功者的模式。

易學人生金句

愈是真理就愈簡單，愈是大道就愈平易近人。

第九章
易，智力兼備，不離世間
《周易‧繫辭傳》第二章（一）

大道之至理是超越一切的存在，

無法被人的言語面面俱到地表達。

這般看似無可名狀的大智慧，

若經由適當地化用，其實具有極為強大的能量。

而易與佛法有諸多相似之處，

如「不離世間」的特性，一切皆要由「有為處」修起。

而究竟「入世間」有什麼含義？「有為處」又是什麼？

就是本章所要探討的議題。

〈繫辭傳〉第二章　全文

【聖人設卦觀象，繫辭焉而明吉凶，剛柔相推而生變化。

是故吉凶者，得失之象也。悔吝者，憂虞之象也。變化者，進退之象也。剛柔者，晝夜之象也。六爻之動，三極之道也。

是故君子所居而安者，易之序也。所樂而玩者，爻之辭也。是故君子居則觀其象而玩其辭，動則觀其變而玩其占，是以自天祐之，吉無不利。】

第一節　以有限語言解無限大道

【聖人設卦觀象，繫辭焉而明吉凶，剛柔相推而生變化。】

從大框架上來看，孔子用了這幾句簡短的話語來描述易。當然，就算是出自於聖人，也不代表這種說法就是圓滿的，因為人的言語有其局限性，不可能說得面面俱到。

☯聖人的言語也無法完滿解讀大道

宇宙之至理，也就是「大道之至理」，本身就是一個超越時間和空間，同時也超越了形和相的整體，不僅無形、無相，更無邊界。此外，大道沒有增與減，也沒有垢與淨，而是渾渾沌沌的，無法用任何的語言或者文字來描述。大道一旦落入語言和文字方面的描述，即「言語道斷，心行處滅」，就等於不存在了！就算是由聖人或經典來講述也不例外，只要是用言語來描述大道，也就不是全然圓滿的至理了。

儘管聖人之語簡練又高深，精煉成一本本的經典，也無法澈底地講述大道的本質與本體。那麼，其他尋常之人，使用更加淺白的言語來解讀經典，勢必也就更不能將大道說得圓滿了。聖人和凡人之間的境界差距，前者在天上，後者在地下，可不只是十萬八千里那麼遠而已！聖人

一句精簡的言語，就能對超越時間和空間的大道做較為全面的描述。而所謂「凡人的解讀」，以本書為例，此處的內容是用現代直白的話語來講解易，因為境界不同，或許只能顧及其中的一個面向，與聖人所言理所當然會有很大的差距。

❷由片面入門，不苛求圓滿

但是，必須強調，此處講解經典旨在「拋磚引玉」，目的是告訴人們如何解讀經典，以及應該以何種模式和態度面對經典。每一本對經典進行解釋的書籍，都是作者個人對易的片面理解，本書也是如此，目的只在於將有心學易的人「領進門」，所以，絕對不能以此為對《孝經》、《易經》、《道德經》等經典的解讀標準。

正所謂「師父領進門，修行在個人」，透過書籍或是明師引領入門、解讀經典，僅僅是打開了「一道門」罷了！每一部經典都會有無數道門，也沒有任何一個研究經典的老師能全方位地講解到位。就算研究得再透澈，直到

易學人生金句

只要是用言語來描述大道，也就不是全然圓滿的至理了。

最後，再高明的老師也只能從一面去解讀經典，因為每一個人的認知、深度以及看待問題的角度都不同。所以，別向外苛求、強求一個全方位的完美解讀。

第二節　大道不離世間覺

　　聖人觀察、認知整個宇宙時，所看到的一切都是整體的，包含人與人之間、事與事之間、物與物之間、問題與問題之間……彼此都不是獨立的，並不會視為獨立的個體來看待。上古神性的文明是一套完整的智慧體系，聖人已經將其完滿地掌握了，所以才稱之為「聖人」。

☯不捨有為，不住無為

　　大道之理是無形、無相、不增、不減，且無邊界、無時間又無空間的，聖人既透澈地通達此理，卻又不脫離現實世界；知其本質，卻又不捨棄形與相。聖人雖明白萬事萬物都是「空」，連我都是「無」，即所謂「無我」，也明白「諸事諸法皆無常」這個理，但又不離「世間覺」。也就是說，聖人在與眾人相處、做事時，不會因為自己已經悟到了萬法萬有的本質是空、是無，所以就什麼都不在乎、無所謂、完全沒有對錯了。若是如此，那他就落入了空禪，不再是聖人，而是偏執的魔。

　　在現實中，聖人做事既「不捨有為」，同時又「不住無為」，這一套觀察認知就是協調宇宙間一切人與事物的方法，即「有為法」。

佛法可分「小乘」和「大乘」。小乘的修行有形亦有相，從「戒」開始，接著依序是「定」與「慧」。此戒、定、慧三者，便是小乘佛教中有的「三無漏學」。而其餘如四聖諦（註）、三十七道品（註）、十二因緣（註）等，都是有為法，針對在世俗中的人、事、物、煩惱、雜念、惡業等，各自有其斷離的做法。

　　在大乘佛教中，若想求得般若大智慧，就要看到一切的本質，也就是宇宙當中一切和我們相關的人或事物的本質皆空，諸法無我、諸行無常。既然是無常、無我，甚至連本質皆是空，那麼，是不是就等於不存在了呢？事實上並非如此！如果以此來認知大乘教義，等於一切都是空的，就又著了「空執」，也就是對空的執著。

　　有些人聽了《六祖壇經》後，認為要修般若智慧，突然覺得世間一切都是空的，什麼都沒有了，所有發生的事都是假象和幻象，就連是非對錯都是假的。人一旦有了這

※註：四聖諦，即「苦聖諦」、「苦集聖諦」、「苦滅聖諦」與「苦滅道跡聖諦」四者，依序又可簡稱為「苦諦」、「集諦」、「滅諦」與「道諦」，指佛法中四種神聖的真諦。

※註：三十七道品，由四聖諦中之「道諦」所開展、延伸，包含四念住、四正勤、四神足、五根、五力、七覺支、八正道等部分，之中再分出共三十七者，為修習佛法的基本內容。

※註：十二因緣，即無明、行、識、名色、六入、觸、受、愛、取、有、生、老死，此十二者彼此互有關聯、互為緣起。

樣的想法，其實就是修成了偏執的「空魔」，會變得特別狂妄，彷彿世間只有「我」一人，其他什麼都沒有，既沒有佛，也沒有師父，連正法與邪法都是不存在的。甚至還會認為，只要他人覺得一切都是有的，那就落入小乘，落到有為。當人無知地放下對錯，就容易變成這個樣子，著了魔道還不自知。

有很多學佛的人對道學、易學很反感，談論到聖人所示的「世間萬物運行的規律」時，總會嗤之以鼻。因為他們認為人要修的是「般若大智慧」，而易學的陰陽五行、八卦規律等觀念則全都是虛假幻象，都是空的，是澈底的「沒有」，只不過是學易之人單方面地執著於「有」罷了。這一類的學佛之人認為自己彷彿是悟到了空性的「上上根」，但其實這就是頑空、執空，是走向成魔的極端。

☯從有為處起修

佛法自東漢時期傳入中國，而中華的先祖早在兩千五百年前就已開始運用「易」。很多人將易與佛法的小乘教義相提並論，認為易不如大乘佛法接近真理、易的智慧不如般若智慧。若說般若智慧是「空」，不在乎易學所看重的這些東西，反而要放下，其實這樣理解就是不懂佛法。

真正的大乘並不是說一切全是空的、要人什麼都放

下、什麼都沒有，畢竟，那不思善、不思惡的境界，一般人根本無法達到！只覺得「放下一切」就是對，什麼都不在乎，什麼都無所謂，認為一切皆假、一切皆空，不斷告訴自己放下執著……似乎只要做到這些，就是在修大乘了，因此對於道法、儒學、易學等都不予以理會，其實這就是一種偏執！修真正的大乘菩薩道，強調的是「不離世間覺」，但是同時又不執著於世間的這些規律，才能成為「聖人」。

真正的聖人手握陰陽，透澈明白大道無形之理，並告訴眾人，在世間要修「世間法」，而就算要修「出世間法」，也是不能離開世間法的。既不能執著於世間法，但是又離不開世間法，如果要離開世間法而去修行出世間法，就如那空中的樓閣一般，沒有根基。但是，如果太執著於世間法，或者太執著於易學的規律，只認可天干地支、陰陽五行、星象、八卦等東西且深陷其中，那也一樣是偏執，同樣無法昇華。

學易的大智慧時，也要知道「易」是「假有」，是一種幻象。但是，從易開始起修，即是指從「有為處」起修，持續修行直到破除了「有為」，才算是昇華到了「無為處」。意思就是，唯有先將那「有形的」學到極致，後面才能達到「無形」。放下有形與有為，並不代表就是什

麼都不做、什麼都放下、什麼都不接觸、什麼都不理睬的意思，而是要人做著世間法，但是又出離世間的執著，不使自身陷在其中。學易之人，一定要在這一方面有所理解和領悟。

✎離世覓菩提，猶如求兔角

《六祖壇經》中講述的般若智慧，是最高的智慧，使得有些人在先聽了《六祖壇經》之後，就不願意再聽中華文化中其他領域的經典了。而在聽完《六祖壇經》後之所以還要學習易學、儒學、道學、醫學等領域的經典，正是因為這些都是有形的世間法。要先知道有《六祖壇經》這個高度在，同時也要明白《六祖壇經》的大智慧只是一個最高標準，如同天上的日月星辰，常人是摳不著、摸不到的！而且，光是知道其中一點理，也不代表能夠掌握。

末法時代 (註) 般的現在，在地球將近八十億的人口中，已經沒有一個是「上上根」了。頂多有幾個「中根」已算不錯，其他的基本上全是「下根」甚至「下下根」。沒有幾個人能悟出《六祖壇經》中的大智慧，就算覺得自己開悟了，其實明白的全是歪理，都是偏執而入魔的。

※註：「末法時代」是佛教思想中的一種對於「末世」的觀念，即指「佛教的正法衰頹」，且「能量衰弱」的時代。末，「枝末」之意。若將正法比喻為一棵樹的根本，而末法就是一棵樹的末梢。佛家相信現代正處於末法時代，佛法面臨終將消滅的困境。

說到底，還是必須要從儒學、道學、易學等世間法起修。在象徵最高智慧的《六祖壇經》中，六祖惠能所揭示的「最高的禪」，便是指真正的修行不離世間覺，即「離世覓菩提，猶如求兔角」。猶如世界上絕對找不到長著角的兔子，若是離開世間便絕對無法證得菩提！

易學人生金句

從易開始起修，即是指從「有為處」起修，持續修行直到破除了「有為」，才算是昇華到了「無為處」。

第三節　智慧與力量兼備的現代易學

「聖人設卦觀象，繫辭焉而明吉凶」所言，是聖人不僅要將我們引領到那無為、無形的大道中，同時也透過易來搭起登天的階梯。聖人告訴我們，有一個天，即「大道」存在，且大道是無形無相、廣闊無垠、超越時間與空間的。

該怎麼做才能夠通達大道？該怎麼做才能上得了天呢？其實，一切都需要從大地一步一步地修起。而易學其實就是為學易之人所搭起的臺階，畢竟世上沒有人能不通世間法，直接悟得出世間的至理和境界的。所以，必須先學這入世間的規律。

☯通世間法後才求往上昇華

如果不通達世間的各種規律，也不懂世間如引力、電磁力、弱交互作用、強交互作用 (註) 等物理規則，鎮日裡就只知道讀《金剛經》，自以為能悟得六祖惠能的智慧，達到「不思善，不思惡」、「應無所住，而生其心」 (註)

※註：萬有引力、電磁力、弱交互作用（弱核力）、強交互作用（強核力）為自然中的四種基本力，是物質間最基本的交互作用。

※註：「應無所住，而生其心」，出自《金剛經》，即「不應貪著諸法有諦實，應當生起證得諸法無諦實的心」之意。

的境界。若真是如此，就是將開悟想得太簡單了。

如果世間法不通，就去妄談出世間法，是修行的大忌！歷史上真正的修行人，唯有擁有了大智慧，通達了世間法且悟出了世間的智慧，才能有所成就。這個過程需要有「階梯」，而儒學、道學、易學、醫學等，全都是通達世間法的階梯，只有經過了這一整段連續不斷的過程，才能真正通達世間法，接著便會自然而然地進到出世間法的修行中。

某些自以為在修大乘菩薩道，也就是修行大乘佛法的人務必牢記，千萬不可好高騖遠，也不要抱持太多的妄想與雜念，別想要一步登天、一悟成佛，而要老老實實地將儒學、易學、道學、醫學等領域學好、學透澈，之後才能真正地往上昇華。

☯化育聖人的土壤，只在中華！

「聖人設卦觀象」所指就是聖人「如何認知這個世界」以及「用什麼方法去認知這個世界」，而此兩者也是我們一直試圖要去掌握的東西。

說白了，作為一個凡人，最羨慕聖人的一點，就是他的「神通廣大」。一般人在分析人和事物的時候，思考的理路不對，導致最後時常做出錯誤的決策。而聖人是有智

慧的人，他在看到一件事情、一個人時，馬上能看到其本質，所以進行分析、決策的準確率就很高，甚至能左右人與事物的發展方向。所以，無論發生了什麼事情，一般人都會希望能去請教那些智慧超群的「智者」，而智者當中的極致就是「聖人」。當接近智者的次數愈多，就能發現他們的智慧是有「出處」的，也就是說，其實並沒有所謂「天生就有智慧的人」。

必須強調，沒有人天生就有智慧！

思考一下，蘋果公司的聯合創辦人賈伯斯有沒有智慧？愛因斯坦有沒有智慧？電動汽車品牌「特斯拉」的執行長馬斯克已經啟動火星移民計畫，他有沒有智慧？事實或許讓人跌破眼鏡——其實，上述這些人，他們所擁有的都不是智慧！因為，說穿了，他們都只是在某一個領域有其專長，並不是智者。

愛因斯坦是個傑出且成功的人，但那也僅限於其專精的物理科技領域而已。或許他對物理的極度鑽研，以及他所擁有的那些靈感，基本上無人能及，但是，他的生活與情感方面，也不一定就處理得宜。

賈伯斯、愛因斯坦、馬斯克等人都是科技天才，在某個領域發揮著極致的專業，有著重大的貢獻，但這些優異

的表現並非智慧。古人所說的智慧是全面的、整體性的，而不是只在某一方面特別突出。真正有智慧的人，在中國叫「智者」或者「聖人」，這種人沒有「天生」的，他們的智慧都是由學習得來。沒有不學習的智者，也沒有不學習的聖人，歷史上沒有人一生下來就是神靈，也沒有人一出生就滿腹經綸。

智者只能出於中華，因為只有在中華的中土上，才有生得出聖人、智者的土壤。一顆種子無論再強大、再有天賦潛能，也必須有合適的緣，才能長成一棵參天大樹。所謂「緣」，就是適合種子發芽的土壤、水與陽光，如果缺少其中之一，便無法長成參天大樹。而那能夠長成智者的土壤、水分以及陽光，只有在中華的大地上才有！

這並不是身為中國人的「老王賣瓜，自賣自誇」，也不是一味自認為中國的一切都是好的，而是可以從歷史上確實「比較」出來的！將中華的智者、聖人們與西方同一時期的知名哲人做比較，看看他們對世界、宇宙、人生等範疇分別提出了什麼樣的理論，以及他們的理論是否成體系，相較之下就能明白「真正的智者只能生於中華」一說，並非毫無根據的。

接下來所要做的，便是將西方自上古的那些神人、哲人（西方叫「哲人」而不叫「聖人」）來和中華的智者、

聖人從縱向、橫向都進行比較。一萬年前，中華是什麼樣的狀態？西方，即歐洲又是什麼樣的狀態？以此列出大量的歷史事蹟及實物證據來做比較。中華的實物——經典，歷經千百年仍然流傳不輟，它們都是看得見、摸得著的；而西方卻沒有這些東西，如果真要比較，西方彷彿沒什麼是「真」的！

易是成聖的根本

成為智者、聖人最基礎的前提是，必須學習到一套完整的智慧體系。一定要掌握這套智慧體系，才能夠真的樹立起一套正知正見；以正知正見為基礎，才有可能形成一套正確的思維模式；擁有了正確的思維模式，從而才有一套正確的行為模式。人在這樣的模式下去看待人生中所有的問題，才可以直接看到問題的本質，做事、識人才會真正符合天道。

孔子這般的聖人也不是憑空成聖的，靠的是一步一步去學習成聖的過程。孔子先是讀了萬卷書，接著行了萬里路，閱人無數，到最後才大澈大悟。孔子的開悟就是因為「晚而習易」，晚年時易不離手，他真正將儒學最終落地形成體系，就是在對易深入研究與解讀後而成的。當時孔子在易中領悟、貫通出了一套中華的智慧體系，也由此成聖，繼而深深地引領、影響著中華民族兩千五百年。中華

歷史上所有聖人的成聖之路都相同，換言之，中華歷史上真正可以稱之為智者、聖人的人，沒有一個能脫離易而得智慧，也沒有一個能脫離易而成聖。如明代大儒王陽明就是例子，因為儒家學說就是「以易為根本」的。

然而，六祖惠能就沒學易，但他不也是聖人嗎？如果以為真正的佛法和易學是兩回事，那就是既不通佛法也不懂易學了！佛法和易學，兩者本來就是同一回事。其實，六祖惠能透過講述佛法，所描述的也是宇宙的真相以及宇宙萬物發展的規律，只不過是所用的術語和易不同而已。佛法中對世界最本質的描述為「真如」或「實有」、「實相」、「真我」；道學則稱世界的本質為「大道」。它們之間不過是術語不同，其實所指的都是一樣的東西。

無論是佛法、易學還是道法，所說的真理都是同一個。佛法稱之為「不二法門」，道法、儒學也是不二法門。至於「能不能發現它們所指是同一回事」，那就是由個人的高度和境界所決定的。中華的中土之所以能出智者、聖人，正是因為擁有人文始祖伏羲所開創的智慧文明體系，而西方卻沒有。

歷代智者、聖人都只遵循著這中華獨有的智慧體系。在他們眼中，世界上的一切，包括人、事、物、宇宙等，都是「一體」的，能發現這一共性，於此就成了智者，接

著再由智者不斷地邁向圓滿，最終就成了聖人。智者、聖人只有在中華的土壤上才能長成，因為西方沒有這樣的土壤，畢竟西方所遵循的不是這套模式。

❷智慧與力量須並存

西方出了很多科技方面的天才，而這些天才也有另外一種稱呼叫「科技狂人」。從中華先祖的角度來看，「科技狂人」是一種「魔」，他們不是「菩薩」。這些天才發明了許多先進又超前的武器，號稱能瞬間將全人類毀滅；發明了許多先進的科技設備，甚至可以讓人類移居到其他的星球上。上述這些武器與科技，並不符合中華的智慧體系，也就是「不符合天道」，都是魔道。

雖然原先不可能朝著「魔道」走，但是地球現下的狀況，卻讓中華的智慧體系無法再堅持了！若不與西方競爭、比較，不能比他們更超前，最終就會被毀滅掉。當文明人碰上野蠻人，所比的就是武力，沒有道理可講。不能以為掌握了這套智慧體系，就一定能戰勝野蠻人；不要以為成為佛或者菩薩，就一定能戰勝魔。觀世音菩薩如果只談和諧，只談對眾生救渡，只談要做個好人，這樣一來，只要碰到魔，還是會被消滅掉！

所以觀世音菩薩是「兩面觀音」，一面救苦救難，針對世間的凡夫與好人；另一面則是「大威怒王」，是魔王中的魔王，專門懲治那些惡人、狂魔。惡人和魔是聽不進道理的，想對抗他們只有一個辦法——惡人還須惡人磨。也就是說，要比他更惡、更有力量地去折磨他、打擊他，因為惡人和魔最害怕的就是力量比他更強大的人。所以，要先以力量使其懾服，再回過頭來去講理，告訴他們應該如何做人。

　　文明對上野蠻，是永遠講不了理、無法溝通的！而如果智慧不能將自身轉化成更大的力量，也只會被對方所消滅。比如中華歷史上曾盛極一時的大宋，當時大宋的GDP（註）占了全世界總額中將近八成，同時大宋的經濟與文明也達到了頂峰，但是，當碰到了不講文明的蒙古人，大宋又能怎麼樣呢？光有那燦爛的文明，沒練出一身硬功夫，碰上了野蠻後，最終也只能被人滅祖滅宗！其實現在也是一樣，必須要同時擁有智慧與力量，才能去做更多的工作，將智慧更適當、更透澈地發揮出來。有核子武器是嗎？我們中國能造出比核子武器更加厲害的武器，要是敢欺負中國，我們就能滅了你！

※註：GDP，即「Gross Domestic Product」的縮寫，指「國內生產毛額」，為一地區於某一時間內的經濟產出總量。

掌握了真正的智慧後，才能擁有強大的力量。不能天天只在嘴上喊著文明，但在科技上還是遠遠趕不上西方，就這樣被動挨打、任人欺負。這兩百年來，中華民族的智慧缺失了，雖然仍能咬文嚼字、吟詩作對、知書達理且精通佛經，但是，這些文明在野蠻的海盜面前都是無用的，只要兩巴掌就能將我們打得落花流水。當純樸的農民遇見海盜，下場一定是被燒殺擄掠！所以，光講文明是沒有用的，對魔與惡人講文明沒有意義，稱不上是智慧。

只有將所掌握的一切智慧轉化成力量，才有意義！正如觀世音菩薩要修觀音法門，首先修的並不是「怎麼救人」，而是「大威力」，也就是「強大的力量」。唯有具備強大的力量，才能夠去降妖除魔，才是真正具備了救渡的力量。否則，沒有力量的話，也只能落得被魔一腳踩死的下場，又怎麼能去救人呢？

☯喚醒遭到長期禁錮的智慧

這幾百年間，中華的文明在智慧與力量等方面已經走偏了。從漢唐以後、大宋開始，當時的統治階級就開始對中華的智慧體系進行壓制、削弱，使其無法轉化成力量。由於受到了如此大的壓抑，後續才促使蒙古滅掉大宋，建立了元朝；甚至，直到明朝時同樣的狀況再次發生！因為大明也和大宋一樣重文輕武，國家看似強大，社會看似繁

榮，但是統治階級害怕力量，結果又導致了清軍入關滅掉大明，讓漢人又開始被外族奴役。

而大清帝國的統治更進一步地壓抑了中華的力量，這種壓抑出於「恐懼」，因為他們深怕漢人有力量後就會起兵造反。透過強化科舉制度的內容，並且僵化地推行八股文、禁錮思想，大清的目的就是為了「打壓」，讓漢人即使擁有這套智慧體系，也只得被禁錮在大清所制定的軌跡與範圍內，無法靈活地將智慧轉化成力量。其實，時至今日，中華的力量仍舊受到壓抑，這就是為什麼中華的智慧一直無法轉化成力量的原因。

宋朝滅亡後，距今已有千年。這段期間，中國在國際社會可說是處處在被動地挨打！只要有外族侵略，哪怕如同八國聯軍兵力只有一萬多人，也能把整個中國都給奴役了；再到後期的九一八事變，日本一支頂多一萬多人的「關東軍」，就將整個中國東北全都占領了。就算當時東北軍閥張學良擁有四十萬大軍，卻仍是一槍不發、掉頭就跑，將武器與裝備全數留給了日本人。

區區數萬人的日本軍隊就能全面侵華，但當時中國有將近四億的人口啊！這龐大的人口總數，光是一人踩一腳都能踩死這些日本人了吧？但事實上是做不到的。日本人拿著槍就能一次將上千個中國人一個個地殺死，而其他中

國人還只能眼睜睜地看著，這就是當時的中國啊！

中國現在有變化嗎？現代有許多中國人不願意面對現實，只願意聽好聽話，一廂情願地認為祖國有多麼強大、多麼厲害。但是，現代中國真的有中國人自己想像的那麼厲害嗎？是力量、科技方面勝過西方了，還是研發的殺人武器比西方厲害？

說到底，其實中國到現在都還是在一味地學習西方。但是，中國人知道自己跟西方學的究竟是什麼嗎？當初西方也是用這種「兩手」的方式來對待中國，一手是野蠻的硬力量，對不聽話的人，必定不留情地出手教訓；另一手則是潛移默化地去改變中國人的想法，讓中國人看不起中華的智慧體系，甚至認為中華的古文明與智慧體系都是些不合時宜、僵化腐朽的偽科學，全部都必須捨棄掉，然後再以西方的那套思維去重建。

西方對非洲不就是這樣做的嗎？非洲早就將自己的信仰、文明、語言及文字放棄了，完全跟著西方學習，這不就是被人奴役了嗎？當西方高喊要「種族平等」的時候，非洲只剩下被奴役的種族了，哪裡來的種族平等？反觀中國，如果就連中國人都放棄了祖宗流傳千年的這一套智慧體系時，將會淪為世界的次等公民，甚至可能連次等公民都不是，而是更低等的低賤種族！

☯將智慧轉化為超前的力量

中國人若是真想要復興，最大的靠山一定就是中華先祖這一套神授的文明智慧體系。不僅要在這裡面找到出路，真正的力量也一定是從這裡轉化而出。不應該排斥西方的科技，但更重要的是，學了以後更要追求「超越」，不能僅是一味地學習。因為中國落後了西方一千年，已經差距得太遠了！唯有重新拾起上古的智慧體系，將聖人所示的宇宙真相與規律確實地掌握，再將其轉化、昇華成自己的力量，如此疊加起來，才有可能再次超前，中華才真的能有希望。

為什麼要傳授中華的傳統文化？為什麼要講授儒學、道學、易學？其實目的都在於「喚醒」。正因為不能讓中華祖先的智慧體系真的失傳，所以，哪怕只有一個人想聽，都有傳授的必要！所有中華炎黃子孫天生的骨血與基因中，就自有這套智慧體系的種子，只要稍一啟動、稍加點化，它就能迅速生發、成長。如果中國那些從事科學研

易學人生金句

文明對上野蠻，是永遠講不了理、無法溝通的！而如果智慧不能將自身轉化成更大的力量，也只會被對方所消滅。

究的人，能一邊學著西方的先進，另一邊再去研究中華老祖宗的智慧體系，這兩項一旦結合起來，就有可能爆發出巨大的靈感和創造力。

　　要知道，中華的智慧體系是永遠都不會過時的！就如易學的規律就是亙古不變的宇宙自然規律，它對現實中的各個領域都具有超前的指導意義，且都經過中華數千年以來歷朝歷代的驗證，同時被時間、空間和眾多的智者證明它是行之有效的大智慧。所以，非但不能輕易地去否定，在學習易的智慧體系時，更要帶著一種「恭敬心」，不要去質疑先祖的大智慧，因為中華上下五千年的歷史，就是在這一套智慧體系的指導下，在物質與精神領域都屹立於世界之巔，直到那西方突飛猛進、中國被動挨打的兩百年間為止。

　　中華的炎黃子孫現在真正該做的事，是去重新學習如何運用上古的智慧體系，此外，更要將它傳承下去。奉勸各位減少一點娛樂的時間吧！如果人生就這樣得過且過地在刷抖音、看電影、聽相聲等娛樂中過去，還有什麼意義呢？真正有價值的人生是需要有一個方向的！

第十章
看透世事吉凶，逆轉既定結局！

《周易‧繫辭傳》第二章（二）

聖人與常人的境界有別，

而常人的判斷之所以經常出錯，

也是因為礙於五根的限制！

唯有以聖人之法去認知、觀察，

才能在看清事物的真相與吉凶後，

進而去扭轉局勢、改變未來。

而所謂的「聖人之法」究竟是什麼？

生活中又該如何以這個方法趨吉避凶？

接下來我們便一一來了解。

第一節　用易預測吉凶，逆轉結局

「聖人設卦觀象，繫辭焉而明吉凶，剛柔相推而生變化」這一句，已經很透澈地說明了，聖人是透過設卦、觀象、繫辭這三個方法，去觀察和認知宇宙的真相。

☯聽其言、觀其行都不能準確識人

宇宙是由一切的人、事、物和合而成。舉例來說，當我們要和一個人合作生意，或者要和一個人交往，就必須要了解、觀察這個人，以得知對方的「真相」，而這一段過程，也就是在了解宇宙的真相。

一般人若是想要了解另一個人，基本上都會去聽對方所言、看對方所為，也就是透過「聽其言而觀其行」來了解。如果某個人外表看來仗義執言、大器又有格局，就會使人產生一種「還不錯」的感覺，似乎不會斤斤計較，合作起來應該也會有不錯的成效吧？但是，當我們以「外表」引發的「感覺」來觀察他人，常會被這些表象所欺。

以「聽其言」來說，其實人的言語之中也會有「妄語」，既能誆騙也能吹噓，不一定是真實的。所以，並不能從他人所說的話中，真正地去了解、認識這個人。再說「觀其行」，有些人的行為看來很孝順、溫柔，交往時或

許總能無微不至地照料女友。就連女友感冒、發燒，他也能從千里之外立刻趕飛機過來照顧，簡直是太好了！結果，與這樣的「好人」結婚後，再過兩三年，同樣的情況再發生時，他還會從千里之外跑回來照顧妻子嗎？事實上早就不見婚前那般溫柔、體貼了吧！現實中有太多這樣的例證了。

既然「聽其言」與「觀其行」都不全然準確，那麼，還有其他的方法嗎？

可能會有人以「信用」來觀察、認知一個人，覺得時間能證明一切，只要跟對方多多相處、共事，便能看出對方是否守信用。但是，最終將會發現，事實根本不是那麼一回事！一個相識十年的哥兒們，不只是為人充滿義氣，連做事時都特別講求信譽，看起來是個有情有義又講信用的人；於是，你就放心將公司交給他去打理了，沒想到，最終背叛你的人，很可能就是他！

☯感官的判斷有漏且有染

除了在現實中時常認不清另一個人，在工作上要執行專案時，一般人也不能先大致掌握專案推動、發展的過程與結局。這都是因為，常人只能透過現有的素材，如與誰合作、對方是什麼樣的公司、誰來擔保、可能的風險有多

大等資訊，進而去判斷這個專案究竟能不能執行。無論是「識人」還是「做事」，多數人都是將在現實中收集到的素材進行分析、推理與判斷，最後才做出決策，只能遵循此種思維路徑，但是判斷錯誤的機率往往很高！

那是因為，所有的凡人在做事時都只願意相信自己的耳朵，只相信自己的眼睛，只相信自己的判斷；但同時，卻又總是被自己的眼睛、耳朵以及分析、判斷所欺騙。真相是，我們的眼睛所看到的都是假象，而且並不是全面的。人的眼睛與耳朵所能看到、聽到的事物是有極限的，具有很大的局限性，能予以推理、分析與判斷的基本素材實在太少了！在素材不夠的前提下，就算邏輯再正確，也只是徒勞無功罷了。沒有一個龐大、宏觀的資料支撐，是無法清楚了解和判斷一切事物的。

智者不會用自己的眼睛、耳朵來判斷，更不會用自己的分析、推理去觀察和認知這個世界，而是一定會放下感官，也就是佛法中所描述的眼根、耳根、舌根、鼻根、身根等「五根」。五根開五竅，人透過五竅來得到資訊、感知整個宇宙，透過眼睛看、耳朵聽、鼻子聞、舌頭嘗、身體觸碰，就形成了各種的知覺，接著便形成了「受」，繼而因「受」而產生「想」，而有了思想與思維活動後，就有了「行」。

凡人之所以會看不透宇宙中一切人與事物、不知道宇宙真相，是因為人的五竅（即眼、耳、鼻、舌、身，又叫「五根」）所接收的外界資訊都是有漏、不完整且不全面的，在佛法就稱為「有染」的。所有的外在資訊稱為「六境」，當五根接收了六境的資訊後，會在人心中形成「六識」（即眼識、耳識、鼻識、舌識、身識、意識），於是人就有了不全面的判斷，導致決策錯誤百出。

☯聖人放下「我執」以感知萬物

既然聖人不會單憑自己的眼睛、耳朵、感覺等知覺去判斷人與事物，那麼，聖人又是如何去下判斷的呢？其實答案就在本章開宗明義所闡述的「聖人設卦觀象，繫辭焉而明吉凶」中──第一是「設卦」，第二是「觀象」，第三則是「繫辭」，這就是聖人認知人與事物本質的方法，也是一種做事的方法。

想做成一件事，需要先對事有正確的認知，也必須先看透事件本身的本質為何，接著才能有所行動。比如說，如果你想吃蘋果，此時你的雙眼看到一個圓形的物體，看起來似乎是蘋果，於是你便使用手將它拿起來，並且感覺到它的質地與觸感確實與蘋果相似，接下來試著將它往地上敲打，所發出的聲音也像是打在蘋果上的聲音。經過這段過程後，人就會做出最後的判斷──沒錯，這一定是顆蘋

果！沒想到，一口咬下去，「喀——」的一聲，牙卻嗑斷了！這下你才知道原來自己拿到的是一顆圓形的石頭，而不是所謂的蘋果。

問題在於，你所有的感覺，包含視覺、聽覺、觸覺等，一切感官都在告訴你「這是蘋果」，但直到一口咬下讓牙斷了之後，你才知道那並不是蘋果，而是石頭。也就是說，如果你只相信自己的視覺、聽覺、觸覺、味覺、嗅覺等各種主觀的感受，就很有可能受騙上當，也就很有可能會失敗。凡人就是在這樣的狀態中不斷地循環往復，這種迴圈的狀態在佛法中就叫「我執深重」。只要相信這個「我」是真的，相信這個「我」是客觀的，接著也就會相信「我」的眼睛所看到的就是真相，「我」的耳朵所聽到的就是真相，「我」的身體所觸碰到的就是真相，於是就順理成章以此做判斷與決定，導致結果往往都是錯的。

☯觀身無我

真正的修佛法，並不是從打坐、念咒、念佛開始修，如果這樣去修，修的全都是外道，就會愈修愈偏。真正的「佛的覺悟」是讓人先通佛理，再按照修行次第一步一步地去修。而「佛理」又該從哪裡開始修呢？答案就是「四聖諦」。修佛理，首先要知道「觀身無我」之理，即「身是假象」。四聖諦依序為苦諦、集諦、滅諦、道諦，第一

說明什麼是苦，而苦的原因則是集，然後經由滅諦而到道諦，再由道諦開展出三十七道品，這是修佛的基礎。

可見修佛法最基礎的不是打坐，也不是吃素，更不是念佛或念咒。真正的佛法起修處是「觀身無我」，身體只是假象與幻象，別去信它！而不信身體後也就不信五根、五竅所接收的六塵 (註) 資訊，然後人自身的六識就不會受五根接收的資訊影響而去做判斷。一切要從「觀身無我」開始斷，這不僅是三十七道品中的「四念處」 (註) ，更是修行佛法的真正起修處。所謂的「四念處」，第一是「身念住」，強調的是「觀身無我」，也就是要人別相信自己的身體是真的，更別相信自己的判斷是真實的，因為常人五根所接收的所有資訊都是不全面且有局限的，都只是自己主觀的「我認為」。放下這些假資訊，閉上眼睛，才能看見真相；關上耳朵，才能聽見真正的聲音；關閉鼻子，所聞到的才是真正的妙有、真如。

其實道法也是一樣的道理，如同《道德經》裡面一再強調的，道法要從「視而不見，聽而不聞」開始修，與佛法的「觀身無我」含義相同。

※註：六塵，佛教用語，分別指眼、耳、鼻、舌、身、意的知覺，即色塵、聲塵、香塵、味塵、觸塵、法塵。
※註：四念處，又稱「四念住」，指身、受、心、法四者。為佛教修行、建立覺知的四個方面。

◉以「剛柔相推」改變事物的吉凶

要想真正地起修易學，便要從「世間」修，也就是要先掌握世間的規律。而透過易學，就能知道聖人是經由設卦、觀象以及繫辭去認知世界的真相。此外，聖人更能透過設卦、觀象、繫辭來「明吉凶」，也就是以此得知結果的好壞。

當聖人看到真相，既能夠提前知道那個結局不好，又知道該如何去改變、左右它的趨勢，最後就能達到好的效果。這個改變的過程，也就是所謂的「剛柔相推而生變化」。智者與聖人就是用設卦、觀象、繫辭這三個方法去認知宇宙，而非用眼睛看、用耳朵聽、用腦想。

假設，我想要與某個人相交，但跟對方接觸並不多，必須要先了解他究竟是好是壞，那應該怎麼做呢？正如易所說的，只要透過設卦、觀象、繫辭這三個方法，就能知道這個人是吉還是凶。吉，就是好的、適合我的；凶，就是不好的、不適合我的。在和這個人第一次見面的時候，就能透過設卦、觀象、繫辭來知道是否要跟這個人攜手共度一生，還能知道彼此交往過程中可能發生的狀況，甚至連結婚之後的結果都能預先推算出來。

又或者，如果得知和這個對象結婚後，自己會過得很

苦、很受罪，因為對方「剋」我，對我而言就是「凶」，但卻又無法放棄，這時該怎麼辦呢？其實，當你真正掌握了這一套智慧體系，就能去改變這個結果，所以才要掌握「剛柔相推」的方法。

真正的智者與聖人不僅會預測吉凶，也不是單單只知道一個結果而已，還知道如何去改變結果。當聖人知道某件事是絕不可為、為者必凶，但是又同時知道一切吉凶在一定條件下都是可以轉化、消長的，即萬事萬物皆有的規律！即使測出來的結果是凶，也能去變化它，但前提是需要更深入地去掌握「剛柔相推」的規律，以及運用它的方法。直到最終有能力改變人或事物的結果，那也就能夠掌握自己的命運了！而中華的所有智者與聖人，都能夠做到這一點！

☯勝利絕非巧合，而是剛柔相推的結果

如「武王伐紂」的例子，當周武王決定要出征伐紂之時，姜太公用龜殼測了一卦，顯示「大凶」！同時，軍營中還出現了「旗杆在出征前被大風吹斷」的大凶之兆。而當時的周只是一個諸侯國，偏居西北，論起武力，和商紂其實差距甚遠，看似毫無勝算。有「大凶之卦」與「旗杆斷裂」兩大凶象，使得周的群臣都非常害怕，認為時機不到，準備尚不充足，還是先暫時臣服於商紂王吧！

　　結果最終姜太公力排眾議，表面上說服眾人，表示周是正義的一方，征討商紂是替天行道之舉，必有上蒼庇佑，無須畏懼，一定要鼓起勇氣去進攻！其實姜太公心裡也知道這個是大凶的結果，當眾人離開後，他又回到中軍大帳去作法，也就是用那「剛柔相推」對出征的結果進行改變。最後，周武王還是贏得了勝利，一戰滅了商朝。這「逆轉勝」的結局，難道是姜太公一人的力量所致嗎？其實這之中就有更深的理。當然姜太公的力量舉足輕重，因為他掌握了這套智慧體系，所以就能扭轉戰局；同時這之中集結了周武王的發心，還有周的群臣以及眾多世族他們的集體潛意識，才導致了最終的勝利。

　　而在中華的歷史中，很多有名的戰役都是「以少勝多」，原先看似不可為，到後面都會神奇地扭轉戰局。比如「赤壁之戰」，孫權、劉備所面對的是曹操大軍的「千帆過江」，曹軍趁著西北風順勢攻來，東吳是可能在頃刻間就灰飛煙滅的！仗還能怎麼打？其實，當時東吳的群臣都不建議打這一仗，直接就要求投降曹操。唯有諸葛亮，在大冬天借來了東南風，火燒連營八百里，扭轉乾坤，逼得曹操敗走華容道，還差點連命都沒有了！這難道都是巧合嗎？難道都是偶然嗎？事實上，中國歷史上的這些經典戰役從來就沒有巧合，有的就是那「常勝將軍」。

☯常勝將軍還需眾志成城

仔細分析這些常勝將軍，就會發現他們都有一個根本的共性，也就是他們全都通「道法」與「道術」。而道法、道術的根就是易，儒學的根也是易，中華的文明都離不開易。那些所謂的智者，如姜太公、諸葛亮、張良、劉伯溫等人，其實就是通達易學之人。他們在大戰之前就能以設卦、觀象、繫辭等方法知道戰役的結果，以及過程中戰事將如何發展，並且用「剛柔相推而生變化」之法，去左右、改變結果。

諸葛亮早就知道會出現「三國鼎立」的局面，且能提前看出在三國之間英才薈萃、群雄爭霸當中，那個不知名的小角色「劉備」，將是今後三分天下的其中一主，將會雄居西南一方。諸葛亮最後病死在五丈原，雖說他直到臨終前也沒有改變三國鼎立的狀態，但是他在劉備去世後仍持續努力，最終鞠躬盡瘁，死而後已！到最後，諸葛亮的「剛柔相推」已經力不從心了，有些時候，單憑他一人之力，是不能夠左右大局的。就如前面所說的「武王伐紂」之所以能成功，是眾志成城的結果，先是集結了姜太公的道法、周武王的心，再加上那周的群臣與眾將領的集體潛意識和合而成，也就是占盡了天時、地利與人和，三者缺一不可。

最後諸葛亮未能助蜀漢一統天下，並不是因為他的道法差了，才導致蜀漢打不過曹魏、敵不過司馬懿，事情並不是那麼簡單的！看看劉備死後即位的少主劉禪，哪是一個能承載千秋偉業的霸主呢？輔佐這麼一個阿斗，還想建立豐功偉業，這是不可能的！所以諸葛亮最終累死，並非他不通道法、不懂易，只不過是當天時、地利、人和三者都不具備，也是沒有辦法扭轉局勢的。

易學人生金句

即使測出來的結果是凶，也能去變化它，但前提是需要更深入地去掌握「剛柔相推」的規律，以及運用它的方法。

第二節　學易的四塊敲門磚

聖人不會用自己五根所收集而來的六塵資訊，去對人事物進行分析、推理，繼而做出決策；反而會關閉所有知覺和感受，透過設卦、觀象、繫辭這三個方法去認知事物、預測出吉凶。當預測出的結果不理想，聖人便會根據陰陽消長的規律，去左右、控制那陰陽消長的過程，並以此來改變事物發展的趨勢，最後達到扭轉結局的目的。即所謂「剛柔相推而生變化」，而「剛柔」就是「陰陽」。

以上「設卦」、「觀象」、「繫辭」與「剛柔相推」四者，便是學易的四塊「敲門磚」。

☯學通敲門磚，才算真正入門

建立在孔子完全通達了易理、掌握了如何運用易的基礎上，儒學才成為了一套完整而成熟的體系。

而儒學體系中的《易經》更是萬經之首，自古以來，中華的文人沒有不重視《易經》的，也沒有不通易的。若是不通易，絕對無法成為中華之聖賢！但是，想要通易而成聖，就算憑著聰明的頭腦將所有經典都熟背了，也是不可行的。如此不僅成不了聖，甚至還可能成魔！

學易時，如果只從經典的字面上去解讀，只能理解到非常膚淺、表層的部分；必須知道《易經》和《易傳》背

後的深層含義，那才是真諦！而且易是一門可於世間落地實用的學問，能助人在現實中更準確地做出適當的決策。掌握了易這門「預測與決策學」，就如同掌握了調整事物發展及變化的方法和力量，也就能掌握命運了。

孔子在〈繫辭傳〉開篇即言，若要將易真正學好、學通、學透澈，就一定要掌握四個方法。如果研究了幾十年的易，卻還不知道這四個方法是什麼，對其一無所知，更不知道該如何具體運用，那就等於根本還沒入門。

第一設卦，第二觀象，第三繫辭，第四剛柔相推，這四個方法就是學易、運用易的敲門磚。

☯設卦的重點在於解讀卦的真實含義

什麼叫設卦？很多人可能以為，所謂「設卦」，就是透過大衍筮法來排出卦的過程，但事實上卻不是那麼一回事，「設卦」一事並沒有如此簡單。

透過大衍筮法得出的結果，僅僅只是一個卦而已，那並不是「設卦」。如果不知道設卦的真實含義，而用大衍筮法去幫自己做預測，當作臨時起意的隨興測算即可，對於占卜的結果千萬別當真。尤其是在面臨重大的決策時，絕對別去相信這個東西，因為測算的結果十之八九都是錯誤的！因為只用大衍筮法得出一個卦，呈現的訊息是非常

局限的，加上根本不懂其背後真實含義，也就得不到多少有效且可用的資訊了。

☯將象與占卜之事連繫

接著討論的是，什麼是「觀象」？在〈說卦傳〉中，聖人羅列出許多八卦的「象」，比如乾卦是老馬，也是圓形、圓狀的東西；坤卦是大地、母馬等。這些雖然確實也可以說是象，但只不過是最簡單的象罷了。

知道這些象所代表的含義後，再透過大衍筮法得出一個卦，假設得出內卦是乾，外卦是坤，又要如何去觀此象呢？乍看之下，內卦是乾，所以推測象應該是「老馬」；外卦是坤，那麼，象則應該是「牛」。若真的以此邏輯去觀象，那就只是從字面上去看而已！只能局限於字面上去理解。

光是知道那些羅列出來的內容也遠遠不夠，就算全都熟背下來，但仍然不會使用，也不知道從何用起。因為這些如「乾為老馬」、「坤為牛」的象，跟人所要問的事、要占卜的內容無法連繫，就是沒有意義的。

☯不能由字面上理解繫辭

從字面上理解，繫辭就是指那繫在卦下方的說明，

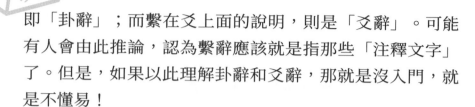

即「卦辭」；而繫在爻上面的說明，則是「爻辭」。可能有人會由此推論，認為繫辭應該就是指那些「注釋文字」了。但是，如果以此理解卦辭和爻辭，那就是沒入門，就是不懂易！

自古以來眾多對《易經》、《易傳》的解釋中，基本上都是這樣解釋的：「繫辭就是卦辭和爻辭。」但這僅是從字面上去解釋，無法實際使用。透過大衍筮法起得一個卦，對應找出卦辭，知道哪個是變爻後，再去找變爻的爻辭，結果的指向性卻是時而靈驗，時而又不靈。從這些辭的字面上去解讀，彷彿所說的就是心中所想測的事，但有時卻又好像八竿子打不著，不是每一次得出的結果都能很精確地指向所想要占卜的事。

所以，自古以來，若僅從字面上去理解易，就無法進行準確預測。

☯捨術數而求佛法，多是逃避而已！

學易之人中，也有一派是專門透過「術數」的層面去領悟。也就是說，他們並不是從《易經》、《易傳》的字面上去鑽研，而是用天干地支、五行生剋、旺相休囚死等術數去學，延伸出了風水學、兵法、太乙神術、奇門遁甲、六壬神課、紫微斗數、梅花易數、鐵板神算等領域，

產生了非常多的神奇傳說。

但是，最終他們還是會發現，當使用這些術數時，仍有不靈驗的狀況發生。就算自認為已將術數和其中的理論融會貫通、自成體系了，且完全能自圓其說，但是到了真正使用的時候，卻又對結果感到特別困惑。所以，有許多學易數十年的人，愈學愈灰心，後面就乾脆不學了！他們會以為最根本之理是「調心」，認為只要心變了，整個世界也就跟著變了，而以前所學的術數，在層次上似乎不如調心那麼高深，於是會更趨向於學習佛法。

其實，如果連易都沒研究透澈，就更無法明白佛法，畢竟佛法不像易那麼具象。易可以直接應用於現實中，是透過占卜去調整人或事物，最終必定會呈現出某個結果，是非常直觀、具象的。而佛法卻沒有一個直接的結果可以呈現，因為佛法所講的就是一種「感受」，從根本上就不是用來解決世間的具體問題，而是為了「離苦得樂」。

佛法的目的，並不是為了讓現實中的問題能有圓滿的結果。佛法所講究的，是人在世間要安於當下，不管發生任何事情、出現任何結果，人的心都要是安定的，不煩惱、不困擾、不痛苦。哪怕是被人欺負了，也是在「修忍辱」中，不會要求自己鍛鍊力量去壓過對方，而是「心中有蓮花」且「處處是蓮花」，無論身處何種困境，周遭也

都是蓮花，心都能承受。

　　佛法中要修的是「六度萬行」，即布施、持戒、忍辱、精進、禪定、智慧。許多學易受挫的人轉而去研究佛法，等於是放下具體的術數，改去修那象徵「圓滿」的佛法。表面上看似昇華、覺悟了，但其實只是一種逃避。必須強調，儒學是入世的學問，如果連儒學都學不好，就轉向去學出世間的學問，怎麼可能學出一個所以然呢？

　　真正的佛法，可不像普通人想像中的那般安樂、簡單，而是出世間的大智慧，是很了不得的！如果連易都學不通達，就以為能將佛法學得透澈，是非常可笑又自以為是的。許多人一生蹉跎歲月，天天嘴巴上說要修行，自詡是個修行人，但其實最終也不過是凡人一個！甚至到了臨終之時還是對「道」一無所知。當一個人認真地修了數十年的易，下了很多的功夫與精力來研究這一門學問，一定感觸良多。回頭想一想，雖然研究了多年的易，但真正入門的東西真的懂了嗎？如果仍沒學懂，就算再研究個一百年也沒用，那都只是在門外打轉而已。

☯敲門磚學通了，才是真才實學

　　研究易，也就要從設卦、觀象、繫辭學起，接著再

學「剛柔相推」的方法，入門處就是此四者。如果不先學會，也就永遠都入不了易的大門。

學易，去研究五行，要是不把這四點給釐清，一樣也是不得其門而入！五行，即是木、火、土、金、水，其實是「五大屬性」。我們都知道，五行有相生相剋、旺相休囚死的關係與狀態，問題是，該怎麼找到這五大屬性？

以「人體」而言，身體有五行，是由這五大屬性所對應的五大系統組成的。人會生病一定是因為這五大系統不協調，若是想要改善，就要使用這個理來調理身體。如果想治好「咳嗽」的毛病，先聯想到人的肺在五行的概念中主「金」，就能判斷是金的系統有問題，知道這個理後，重要的是，還得找到調整的方式。

又或者如「找對象」一事，光是知道了彼此的生辰八字，憑著五行相剋之理來判斷，就能將男女雙方的生剋關係算得精準了嗎？其實，以上都不像坊間那些書上寫的那麼簡單。

設卦、觀象、繫辭以及剛柔相推，就是學易的入門四塊磚，即「聖人設卦觀象，繫辭焉而明吉凶，剛柔相推而生變化」，〈繫辭傳〉裡的這一句話就已經將易說透了，是易的精髓和核心！後面的內容全是對這句話的解釋，包

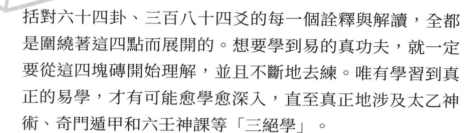

括對六十四卦、三百八十四爻的每一個詮釋與解讀，全都是圍繞著這四點而展開的。想要學到易的真功夫，就一定要從這四塊磚開始理解，並且不斷地去練。唯有學習到真正的易學，才有可能愈學愈深入，直至真正地涉及太乙神術、奇門遁甲和六壬神課等「三絕學」。

現在坊間有許多教授奇門遁甲、太乙神術、六壬神課的老師們，在向他們求教之前，如何辨別真偽？其實，只要問他們會不會設卦？會不會觀象？會不會運用繫辭及剛柔相推？就能看出誰是真才實學。因為，不管是教哪一門，如果連這四塊入門磚都敲不開、點不透，那麼，易的大門永遠都是關閉著的，還談什麼奇門遁甲、六壬神課、太乙神術或八字命理？全都是騙人的！明白這個道理後，便要擦亮自己的眼睛，去檢視那些自稱為「大師」的人，以免受騙上當。

☯占得先機，化不利為有利

對「聖人設卦觀象，繫辭焉而明吉凶，剛柔相推而生變化」這句話，必須要理解它背後更深層的理。放下自身對眼睛所見之物、耳朵所聽之聲的執著，因為那都不全面，不要被這些執著欺騙、局限了，更不要因此而反覆做出錯誤的判斷。

要想切入易學的智慧體系，看到宇宙的真相，做到真正能識人、知事、辨物的境界，就要放下這個「我」，要「觀身無我」，認清五根、六塵、六識等皆是假象，專心去學習以設卦、觀象、繫辭這三個方法去判斷人事物。通達了道理與方法後，再用「剛柔相推」的手段來轉化人與事物的發展，以及改變它的結果，這就是我們學習易的意義所在。

　　如果你掌握了這些規律，又改變了自己觀察、認知事物的角度，轉變了自己判斷周遭事物的思維模式，如此才能夠見到宇宙間萬事萬物發生、發展的真正規律，才能事事占得先機，化不利為有利，才是真正地超越了凡人，將命運掌握在自己手中。

易學人生金句

易可以直接應用於現實中，是透過占卜去調整人或事物，最終必定會呈現出某個結果，是非常直觀、具象的。

第十一章
運用易學智慧，明吉凶，識時務，知進退
《周易・繫辭傳》第二章（三）

易學不外求於神，

而是向內求人心之誠敬。

無論是預測結局、洞悉事物發展的過程，

還是在亂世之中生存的法則，全部都能在易中找到！

至於為何易雖是「無神」之理，

通達後卻也能使人有「神通」境界？

以「人」自身為出發點後，

又該如何上承天道、下應地道來行事？

相信透過本章，這些疑惑都將愈證愈明！

第一節　吉凶由心而生，無關禍福

【是故吉凶者，得失之象也。】

人在做任何事情的時候，都會想預測未來的發展過程及結果的吉凶。而「結果是吉是凶」中的「吉凶」是什麼樣的概念呢？其實易的本質就是「占卜術」，從易理的哲學角度而言，結果的吉凶並不是「好或壞」的意思，而易學中的「吉凶」與「禍福」也不是同一個概念。

☯吉凶取決於是否合乎天道

「是故吉凶者，得失之象也」一句中，「得」指「人做事是符合天道的」，也就是做事得當了，就會「吉」；「失」就是「失當」之意，也就是「不符合天道」，也不符合地之規及人倫之理，這就叫「失」，而只要為人處事不得當，就會「凶」。

此處所言的「吉」和「凶」就是「結果」，那麼，結果又呈現出什麼訊息？為何稱為「得失之象」呢？

象，即「象徵意義」，而所謂的「得失之象」，就是指「為人處事是否符合天道與規律」，若是符合了，就是「吉」，呈現出的結果便說明為人處事符合天道；如果後面出現了「凶」，也就是不好的結果，那就代表為人處事

不符合天道與規律。孔子以〈繫辭傳〉中的這句話清楚地說明了，人所做的任何一件事情，無論最終是成功還是失敗、是福還是禍，所呈現的都是自身為人處事是否得當、是否符合規律的結果。

☯ 「無神論」的中華文明

就算能用易去預測出事物的結果，但仍必須清楚一點——中華文明從根本起就是「無神論」的！中華的文明並非靠著祭祀、敬拜而外求神仙，祈禱神仙能保佑事情會吉或者會凶。如果將中華的文明與外求神仙畫上等號，那麼，人只要天天給神仙上香、供奉祭品，神仙高興了，就會對人有求必應；如果人怠慢祂、不祭拜祂了，神仙被觸怒後就會使人的命運變得特別不幸！事實上，中華的先祖所信仰的，可不是這些「求神庇佑」的東西，因為「無神論」是中華文明的根。

同理，易雖然是占卜之術，卻也是「無神論」的！在使用大衍筮法之前，雖然也會有上香、祈禱等過程，但是，這一套祭祀儀式所代表的是一種「誠敬」的心態，並不是針對外界的某一個神。也就是說，外界並沒有能左右人命運的神存在，排卦之人所有的誠敬之感，都是針對自己內心所發起的。當人的內心產生了「誠」和「敬」，命運就會有所轉機，使得人在為人處事方面的考慮與判斷不

會走上極端，也不會失控和喪失理性。在這樣的狀況下，做事的結果，一般來說都是「吉」的。

☯中華中土成為佛教沃土的原因

中華文明最忌諱迷信，然而西方文明中卻沒有所謂的「無神論」，兩者截然不同。以佛法、佛教為例，為什麼在創始地印度無法開花結果，反而是傳入中華中土的「大乘佛教」能發揚至今呢？原因在於，佛法就是典型的「無神論」！

佛法信奉的是「一切皆是唯心所造」，外面沒有神，一切都是「我的心」所造的；而印度本土的婆羅門教與印度教卻都是信奉「有神論」，相信人之外還有神存在。所以佛法、佛教在印度顯得格格不入，衰微後便被婆羅門教與印度教等本土宗教所取代。而佛教來到中華中土後能夠深深扎根，正是因為中華文明之根也是「無神論」的，和佛法非常的契合，彼此有著很深的緣。

易是中華上古的文明，是中華文明之根，源於伏羲。雖然伏羲所處之世離現代已經非常遙遠，易的智慧卻仍不朽，這就是中華文明真正的偉大之處！

運用易學的智慧時，一定要剝離表象，去看見事物的本質。所以，當人在現實中碰到了挫折或凶象，可能是投

資失利，也可能遇到詐騙，又或者可能碰到生命中的各種障礙，導致與人相處或是做事都處處不順；這時，首先要做的，不是去怨天尤人，也不是去怪罪神仙不保佑、不救渡自己，而是要先去檢查自己做事是否得當、得體？是否符合自然運行的規律？是否符合天道？總之，比起怨懟神靈，我們更需要先去好好反思自己，才是「吉凶者，得失之象也」的深刻含義。

易學人生金句

人所做的任何一件事，無論最終是成功還是失敗、是福還是禍，所呈現的都是自身為人處事是否得當、是否符合規律的結果。

第二節　洞悉萬事萬物的趨向與狀態

【悔吝者，憂虞之象也。】

「憂」是「憂慮」、「壓抑」之意，而「虞」則可以理解為「歡愉」、「歡樂」、「放縱」。

「憂慮」和「放縱」是兩個極端。以人的情緒而言，如果壓抑自己的情緒，結果就會是「悔」；如果放縱自己的情緒，使其歡愉甚至躁狂，結果就會是「吝」。即「憂慮者悔，歡愉者吝」之意。

☯吉、凶、悔、吝

吉就是好，凶就是壞，而悔吝則介於吉凶之間。也就是說，悔和吝是在好壞之間，是一種趨向於好、趨向於壞的狀態。

「吉凶悔吝」是卦辭和爻辭之中出現最多次的四個字，用易來測人或者測事，得出的結果基本上也就是吉、凶、悔、吝這四種。悔，即是「知道自己做事做錯了」、「失當」之意。完整地說，悔便是因為意識到自己的錯誤，有了懊悔、反悔之心及改過之意的同時，也要向內找到根本原因的一段過程。比如，當人在投資失利、遭到詐騙或者蒙受冤屈時，要自己「向內」來找原因，因為必定

是自己做事、看人有失當之處，才會出現這樣的結果，這就叫「悔」。而悔者終向吉，當中便有「趨向」的態勢。

悔，向內悔過；吝，向外放縱。兩者所指向的都是當下的狀態，是趨向於一個結果的中間過程。但是，這個狀態不是最終的結局，如果繼續往前發展，最後一定都會走向吉或者凶。而吉和凶便意味著，事情的發展已經到達且停止在一個階段的終點上了，也就已經有了一個結果。

向內反觀、常思己過，所表現的是「憂」的狀態，而此狀態會趨向於吉；相反的，自己為人處事失當，但是卻不向內反思、悔過，反而還繼續一味地去放任、躁狂，這是「虞」的狀態，表現出來的就是「吝」，而吝若是一直維持下去，最後就會走向凶。所以，憂虞之象會分別帶出悔和吝的狀態，再往下發展的結果就是吉和凶。

☯由發展過程推知結局

孔子在〈繫辭傳〉中寫的這一段話蘊含豐富的哲理性，目的是在說明，現實中為人處事要符合陰陽之道，即符合天道、地規與人倫。若是為人處事符合了天、地、人，也就是符合了「三才之道」，結果就一定是吉，就會「得」；但若是不符合三才之道，結果就一定是凶，就會「失」。而其中的發展過程，即為「悔」和「吝」。萬事

萬物的發展過程和結果，就是「吉凶悔吝」，取決於人在為人處事時是否符合規律、是否符合天道，全然由人自己的態度而決定。

明白了這一段的意思後，運用在現實中去觀察一個人，就能看出對方是處在何種狀態。雖然並不知道這個人最終的結果會如何，但透過觀察得知他平時是處在「悔」還是「吝」的狀態、表現出的是「憂」還是「虞」等處來判斷，也就能略知一二。憂，自律謹慎，謙虛卑下；虞，放縱無忌，無拘無束，天不怕地不怕，甚至連閻王老子都不怕！什麼事都敢做。現實中大致可分成這兩類人，而兩者最後的結局各自是什麼，也就可想而知了！

其實這就是大道之理，就是「易」。真的學好、通達了易之理後，在看人或看事時就不需要靠大衍筮法去排卦、占卜了。

☯感而遂通後才有神通

古人一再強調「善為易者不占」，也就是說，真正地掌握、通達了易的人，是不需要占卜的。成天拿著銅錢去擲，以此去找出卦辭、爻辭，這些都太「低級」了，簡直就是入門的雕蟲小技！真正通達易理的人，就算只是與迎面走來的路人擦肩而過，基本上也能一眼就看透對方。因

為真正學通易的人是有大智慧的，而大智慧也就是「大神通」。

在剛開始學易的時候，一切感覺起來都像是碎片一般，沒有組織，會學得很累。畢竟，易學中除了有許多的術數要學，還必須去理解非常多的理及晦澀難解的古文，因此感到辛苦是很正常的。但若能堅持不斷地學習下去，將自己浸潤在易之中，有一天就會「感而遂通」，會在一瞬間出現彷彿「得道」一般的感受，這就叫「悟」。感而遂通後，看人、看事也就能「神通」了。而這種神通來自於直接「打開了慧眼」，所以才能夠使人在看人、看事等方面一下子就變得透澈，不需要再藉著占卜來進行測算。

易是一個龐大的智慧體系，必須靜下心來不斷地去慢慢薰修，不可以妄想著一蹴而就，也不可以急功近利。學易就是急不得，必須要「小火慢燉」，後面才能入滋入味，修習至深入骨髓的程度時，才會內化為個人的大智慧。總而言之，易不可能光靠幾天的速成培訓就能學成，

易學人生金句

悔，向內悔過；吝，向外放縱。兩者所指向的都是當下的狀態，是趨向於一個結果的中間過程。

就連中華歷史上的每一個聖人，都是窮盡一生不停地去學習和鑽研，才能領悟易的天道大智慧，更何況我們這些凡夫俗子呢！

第三節　在變化中求得平衡

【變化者，進退之象也。】

前面一段所言，是指任何人或事物最終就是呈現出吉、凶、悔、吝此四種結果。接著，此處所說的則是「變化」，即在結果之中還有變化存在，而這種變化就叫「此消彼長」。那麼，究竟是什麼東西在改變呢？其實，不外乎就是陰和陽。

☯跟隨陰陽消長的進退之道

萬事萬物就是「陰」和「陽」，由陰陽繼續延伸，就是五行之間的生剋，它們不斷地在變化著。而在變化的過程中，若是五行協調，陰陽就會平衡，個體也就會是健康的，所要做的事情也就會通達順暢、沒有障礙。換言之，世間萬事萬物中所有的障礙，那都是源自於五行的不協調，也就是陰陽的不平衡。而所謂的「變化」，也就是指人要「知進退」，即用「進退」去推動人或事物發展的趨勢，使其產生變化。

進是陽，主動，代表著主動向上、積極進取；退是陰，主靜，代表保守、僵化。這一動一靜之間，會有所轉換，所以若是「知進退」，也就能掌握變化了。而世間任

何事物的變化，其實都能被人所掌握。有些事情當下的狀態看似並不理想，發展也不如預期，此時我們就要知進退，該努力爭取、堅韌不拔地去完成的時候，就要積極去做；該妥協容忍的時候，就要老老實實地退守、深藏。人在行事時能不與進和退的規律相反，就能掌握進退，也就能掌握事物發展的趨勢。

變化，就是一個事物發展的趨勢。它是向著吉的方向發展，還是向著凶的方向發展，取決於人的進退是否得當，以及人是否能掌握好進退。人與人之間的關係很微妙，以「人際關係」為例，一般人都希望跟老闆打好關係，也都希望老闆能喜歡自己、提拔自己，而身為員工，與老闆之間的關係也就存在「進退之道」！

其中的進退是否得當，就要掌握和老闆之間的關係變化，有的時候要進，便要主動接近老闆；有的時候要退，要知道退守深藏、遠離老闆。雖說伴君如伴虎，但是不能因為危險就不伴這隻老虎、對其不理不睬了，那叫一味的退，並不符合易的規律。而是應遵守「該進則進，該退則退」之道，掌握好進退，其實就是在利用陰陽的消長。學易，所學的不外乎就是陰陽的消長，而學成的關鍵，在於自己如何在現實中的各個方面使用得當。

☯知進退才是大丈夫

大丈夫、成大事者，最忌諱的便是不知進退！文武之道，一弛一張，也就是說，大丈夫必定是能屈能伸之人，如此才能成就一番偉業。真正的大丈夫不僅勇冠三軍、力能拔鼎，還知適時退守、妥協深藏，能進亦能退。而中華歷史上有太多這樣「知進退」的能人了。

如春秋時代人稱「陶朱公」的范蠡，就是一個懂得進退之道的大丈夫，該高歌猛進的時候會勇猛精進，該退守深藏的時候卻是比誰都能忍辱。范蠡年紀輕輕才二十多歲時，就和謀略家文仲一起到了越國，在越王勾踐底下做謀士。但是，因為年紀尚輕，也沒有什麼特殊的表現，所以范蠡一開始並不受重視。直到越國被吳國打敗了以後，為求吳王夫差相信其願意歸順，越王勾踐便要到吳國去做奴隸，這時范蠡挺身而出，陪同前往。范蠡在吳國雖是百般忍辱，但是他的才華就在那退守當中顯露了出來，同時得到了越王勾踐的讚許以及吳王夫差的重視。吳王夫差甚至提出將范蠡留在身邊的要求，但是范蠡心知肚明吳王夫差最終的下場，於是他秉持自己的忠心，選擇一直陪著越王勾踐，直到後來當上越國的三軍大元帥，高歌猛進地一舉滅吳！

范蠡一生進退自如，後來去經商也懂得「三聚三散」（註），也就是先「三聚其財」再「三散其財」，該進則進，該退則退，非常厲害。所以范蠡是道家最典型的代表，也是最圓滿的象徵，因為他在各方面的作為其實都符合「是故吉凶者，得失之象也。悔吝者，憂虞之象也。變化者，進退之象也」的行事之道。

相反的，中華歷史上因為「不識進退」而失敗的人，也所在多有。如同曾與漢高祖劉邦競逐天下，力拔山兮氣蓋世的「西楚霸王」——項羽，就是因為不懂進退之理，只知進而不知退，導致最後只能落得個「烏江自刎」的下場，一切皆無。因為項羽只允許進，只允許成功，要求百戰百勝，一次都不能輸，只不過輸了一次就選擇尋死。若以這樣的心態去面對戰爭的勝負，就不叫打仗了，也就成就不了偉業。

☯進退之道是如水一般變化形態

「道」講究的是「上善若水」，即要「如水一般」。水動得劇烈時是洪水，如猛獸般能吞噬一切，但是，該靜的時候卻沒有事物能比水更靜。要柔，水是天下之至柔；

※註：「三聚三散」指范蠡善於經商，前後共致富三次，是為「三聚」。而范蠡卻不貪戀財富，每次致富之後，仍能在關鍵時刻毅然決然地散盡手邊的錢財，是為「三散」。

要剛，加了高壓的水能將鋼鐵都割斷，將石頭都滴穿。水可剛亦可柔，便是「知進退」。就算哪日地球上萬物都毀滅了，水應能持續存在。水能以變化多端的形式存在，它既能是固體，也能是液體，又能是氣體，隨著溫度的高低不同而變化形態。

學易便要學到水可動可靜、可剛可柔的特性。在現實生活中，人不可以過於固執，不能只擺出一副「我就這麼有個性」或「我就這麼清高」的樣子來睥睨他人，並自以為是地認為總有一日伯樂會出現。事實上，這種自命清高、不知進退的人，幾乎不可能會有遇到伯樂的機會；即使遇見伯樂了，倨傲的態度也很有可能將會得罪伯樂！

若是想要遇到伯樂，或是想要擁有好的機緣與機遇，就要不斷地去薰修、學習，而在薰修的過程中，才能愈來愈近乎於道，為人處事才會愈來愈符合規律。一旦行為得當了，才是真正地符合道、符合易。雖說易要人像水般可變換形態，但並非要人一定得靈活善變、變化多端，此處孔子所說的「變化」，是指為人處事要得當、適度，也要知進退。

這段內容所說明的是一種「哲理」。雖然《易經》中沒有哲理，但是《易傳》裡卻全是哲理。因為《易傳》是孔子透過對《易經》中卦、爻變化的透澈解讀，所總結

出的有關於天道、文明的定理與定律。所以，儘管學《易傳》時學的是哲理，卻不可以用哲理去解讀《易經》。

易學人生金句

文武之道，一弛一張，也就是說，大丈夫必定是能屈能伸之人，如此才能成就一番偉業。

第四節　順時而為，順勢而行

【剛柔者，晝夜之象也。】

此處的「剛」和「柔」，指的是力量所表現的兩種不同情態。力量大的時候就是剛，力量弱的時候則是柔。至於為何是「晝夜之象」呢？一切皆因其有「不可掌控」的特性。

☯不要迷信「人定勝天」

人生在世無論是得失、憂虞還是進退，都是人能掌握的；但同時也會有人掌握不了的存在，比如說晝夜和四季的更替、日月星辰的運轉等，這些運作的背後有個更大的、人無法把握的規律在推動，讓它們沿著軌跡去運行。所以，剛或柔、力量的大或小、成功或失敗……有時候一切都是命運使然，是人把握不了的，只能去順應。

在社會上你也許是個英雄，也許你為人處事既懂得符合天道，又得體而知進退，將「憂虞」的狀態把控得很好；但是，當面臨時運不濟，就算做得再好，終究會英雄落幕！沒辦法，虎落平陽了，就算被犬欺了也得承受，這就叫「晝夜之象」。

如同白天和黑夜根本不是人所能掌控的，更別說我們

自己的命運了！所以，絕對不能怨天尤人。人無法掌控自己的命運，不要只一味地相信「人定勝天」且以為只要學了易、道或是佛，自己就真的能掌握自己的命運、為所欲為、所向無敵了。如果以為光靠一門學問，就能夠一切皆順的話，那就是一種「偏激」了！

要知道，人的命運背後有一個大的運勢，還有一個大的軌跡，是我們作為一個凡人根本就看不透的！但是，我們還是必須去順應著它，該受辱的時候就必須受辱，該落難的時候就必須落難，管你是武功再高、能力再強的英雄也沒用。同理，當有小人要得勢的時候，儘管他完全不識進退，做事也不得當，為人處事幾乎全盤皆錯，但是他正逢得運、得勢之時，就是能如此張狂，誰也治不了他。當小人得勢時，就算你是蓋世英雄都得被他踩在腳下，因為此時你就是柔，他就是剛。

☯謀事在人，成事在天

人生在世，不僅要懂得順應天道，同時還要明白有「運」的存在。人有人的運，家有家的運，家族有家族的運，國家有國家的運，民族有民族的運……這些都是大的軌跡，根本輪不到一般人來決定。另外，也千萬別固執地認定「人定勝天」這回事，一心想著：「怎麼能讓小人得勢呢？我不服，我要去跟小人對抗！」事實上，這種想法

不過是蚍蜉撼樹罷了！人家正在得勢的勢頭上，你又如何能與之對抗呢？

　　當黑夜降臨，就要學會躲避，而非起身對抗。是英雄又如何？該忍的時候還是得忍！試想，要是暴風雪來了，真有人能夠阻擋嗎？若是想在黑夜裡看見日光，難道太陽真的會乖乖聽人的號令嗎？關於「時、運、命」，當中其實還有一個理在。此處孔子言下之意其實就是，我們可以去「盡人事」，但同時也必須牢記，一切都是「謀事在人，成事在天」。

　　面對晝夜、四季這種大循環，人千萬不要去與之對抗。若將小人得勢的世道比喻為「颳著暴風雪的黑夜」，暴風雪要來了、天要黑了，雖然人對抗不了，卻可以選擇到一個溫暖的地方好好地躲著，等到挺過這場災難，保住一命後，到了隔天太陽就一定會再次東昇，屆時再出世即可！這就叫「順應歷史」。

　　看看歷史上有為數眾多的忠臣烈士，曾經在那惡人當道、小人得勢時，前仆後繼地去逆勢而為，最後都做了無謂的犧牲，這又是何必呢？只不過是在歷史上徒留了所謂的「清名」，但是命都沒了，還能做出什麼貢獻呢？這種「壯烈」真的是明智的嗎？

❷ 「碰巧」成功的，必有極大風險

學易，要從中學習到真諦。其實中華文明，包含儒學中所有的概念，全都是最落地、最實用的，當人真正學會了以後，必定對自身會有很大的啟發和收益。

歷史上所有成功的人物，一定都通達這些大智慧。那有沒有那種「不通達大智慧」卻又成功的？答案是——有的，但只不過是碰巧「時運到了」而已。如同一隻豬剛好站在路口，又正巧颳起了一陣大風，就將豬給吹上天了一樣，都是時也、運也。但是，這樣「上天」的風險極大，這隻豬早晚都會從高空墜落而死，畢竟牠之所以能飛，單純只是因為趕上這陣風罷了。歷史上有太多這樣的人了，什麼規律都不懂，只不過時運一來，權勢便應聲而起；但等那時運一過，便立刻從天上摔下來，一命嗚呼了！

所以人要有智慧、識大體，要學通在何種情況下該積極地努力進取，在何種情況下又該隱忍退讓、深藏鋒芒。這進退之間的權衡，全都是智慧。得失、憂虞、進退等，

易學人生金句

不僅要懂得順應天道，同時還要明白有「運」的存在。

都是我們自己能把握的，即「謀事在人」；但是「剛柔者，晝夜之象也」，晝夜則是人絕對把握不了的，都是時也、運也，人反而要懂得去順應。

第十一章　運用易學智慧，明吉凶，識時務，知進退

第五節　三才相合的成功之道

【六爻之動，三極之道也。】

「三才」為天道、人道、地道的合稱。天大地大，人間的「王」也大，而「王」也就是「人」，故「三大」就是指天、地、人這「三才」。而「六爻之動」，所指即是天、地、人此三者的變動。

做好人道，符合天道，契合地道

六爻之動，一切都在變化中。人只要掌握了易的大智慧，也就能懂得要隨時觀察天道。「天道」對於人而言，就是「運」，人必須要知道自己是否正在走大運，或者是正在走背運；「地道」則是指現實中的國家政策、市場行情、人心動盪等，除了要去觀察以外，也必須要順應它；而「人道」就是「人倫之道」，也就是人要掌握的得失、憂虞、進退之道。

若是將人道做好，為人處事還符合天道、契合地道，此三道相合，又怎麼可能會不成功呢？這就是易的大智慧，不僅能用在個人的修身上，甚至連齊家、治國、平天下的智慧都包含在其中了。

☯自以為是者，成不了千里馬

但是，易的理不一定每個人都能通達。有的人就是固執又強硬，總是堅持自己一定是對的，猖狂無比、自命清高且冥頑不靈，認為自己是千里馬，一廂情願地等著伯樂賞識，這就是「不合人道」。事實上，這種狂人連做人的進退都不知，做事也拿捏不好準則，還能成什麼千里馬？許多人都有這般根深蒂固的自以為是，覺得自己一定是對的，但是卻處處碰壁，甚至終其一生都窮途潦倒，只能怨天尤人。而一切不如意，往往都是源自於做事不知進退、不識天道與地道，也就是根本不通達真理。

透過《易傳》，孔子的目的便是在教導我們，應該如何將易的這套真理真正落地實用。而孔子於此說明、提點的道理便是「人應該要如何去為人處事」。除了要從各個方面不斷地去檢討自己，做人處事時，還得釐清在規律之中的那些「變」與「不變」。

易學人生金句

易的大智慧，不僅能用在個人的修身上，甚至連齊家、治國、平天下的智慧都包含在其中了。

人在天道面前應該是何種狀態？應該用什麼樣的策略？人應該怎麼做才能符合地道？如何讓天道、地道為我所用？其實易學所探究的，不外乎就是關於天、地、人三者之間相互消長的狀態。當中的規律，也正是我們必須學習、研究之處。

第十二章
守成與奮進皆受用的易學智慧

《周易‧繫辭傳》第二章（四）

人生中總會有許多考驗，

或許是時運不濟，或許是懷才不遇。

而這「濟」與「不濟」、「遇」與「不遇」之中，

有多少因素能夠由人主動把握？

而在卦與爻的定位與變動之間，

該如何將它們的特性運用於現實世界，

發揮最佳的指導作用呢？

本章內容為〈繫辭傳〉上篇的尾聲，

說明了聖人如何以易解決上述這些問題。

第一節　安定為成事的根基

【是故君子所居而安者，易之序也。】

此處「是故君子所居而安者，易之序也」一句，及後續的「是故君子居則觀其象而玩其辭」一段，兩者皆是從前面的「聖人設卦觀象，繫辭焉而明吉凶，剛柔相推而生變化」所延展而來；甚至，可說〈繫辭傳〉通篇全是由此句所衍生的。聖人於此其實已經揭示了《易傳》最重要的核心意義，而其後的所有內容則全是對此核心的解釋。

☯行千里前，必須站穩腳步

聖人先框架式地描述了應該如何為人處事，接著再具體地陳述人該如何去做事，才能夠符合「易之道」，也就是「天之道」。

君子，指「研究易的修行人」，但是這些所謂的「修行人」都還沒有成為聖賢，也還沒有研究出成果。

此處的「居」即指「安住」，而「居而安」則是說明人應該要「安於當下」。

真正的學易之人，也就是「君子」，首先要懂得「安於當下」。現在人時常會感到浮躁、焦慮，最根本的原因都是出於「不安」。而諸多的不安情緒，通常都來自於那

些無法實現的遠大理想，使得人的內心因為一直處於動盪的狀態，而顯得浮躁、不知足，對一切現狀都不滿意。甚至，有的人會將這種「不知足」錯認成促使自己發展和前進的動力。

但是，所謂的「安於當下」，並不意味著要人故步自封，從此就不發展、不努力、不上進了，絕非如此！

千里之行，始於足下。人若是想要往前走，一定得先在當下站穩腳步，接著才能再往前邁出步伐，即站穩、走一步，接著又再站穩、再走一步⋯⋯如此不斷地循環。中華先祖的天道大智慧，一再告誡著後世子孫，唯有能安於當下，才是之後能持續發展的根基；如果不安於當下，那就是「腳不著地」了！

一旦有了遠大、明確的目標，想要成就大事，也就是有了方向。但是，遠大的目標和方向，對於當下立下志願的我們而言，只是一種尚未實現且遙不可及的「妄想」罷了！未達成的目標終究淪為妄想，但人又必須要有遠大的目標，行事才會有個能夠前進的方向。但是，同時也要明白，無論是再遠大的目標，對人來說，也僅僅只是個方向而已！最終仍然必須一步一步踏實地向前走，才能朝著目標邁進。

想像一下，如果有一個人連站都站不穩，卻只顧著將頭抬得高高的，緊盯著遠處，那會有什麼結果呢？答案顯而易見——如果人不能安於當下，成天只知道緊盯著目標，那麼，到最後若不是掉入陷阱，就是狠狠地栽一個大跟頭！當人在心中浮現了「想去一個地方」的念頭，同時就是在心中設立了明確的「目標」與「目的地」了，但是，出發後都必須看好腳下的每一步，才能穩穩當當地走向目標。目標只能存在於心中，如果只盯著遠方的目標，卻忽略了腳下可能有的坎坷或陷阱，也許一個不留神，就被車撞死或是掉進坑裡去了！

別錯將妄想當理想

「易之序也」所說明的，即「六十四卦皆有其順序」一事，而孔子在〈序卦傳〉中所講解的，也就是這六十四卦的順序。透過占卜得出了某一個卦後，需要判斷其處於六十四卦中的哪個位置，因為位置對於卦而言，有著獨特的意義和作用。而無論是哪一個卦，其實本身都沒有所謂好壞，就只是按照序位而行，剛好走到這個位子上罷了。既然已經處在目前這個位置上了，那麼，人就要先安分地處在當下的狀態。

而「不安分」是許多現代人的弊病，不僅不安於家、不安於本職工作，還很容易好高騖遠，就連小小一個打工

的，也一心想著要當大老闆。雖然，有「不想當將軍的士兵不是好士兵」一說，但是，若想成為將軍，不也得先將士兵當好嗎？無論是誰，一定都要先安於當下，先成為最優秀、作戰成績最優異的士兵，接著再論功行賞，才能經由班長、排長、連長、營長等階段，逐漸向上提升至將軍的位階。

現代人最大的問題就是不能安於當下，產生出諸多妄想後，卻還將之錯認為理想。而一味地去追逐妄想，會導致人無法滿足於自己當下所擁有的一切，也就無法體會「知足常樂」的生活了。最顯著的例子便是「對金錢的追逐」，現代社會中的每一個人，彷彿都在為了錢而不停歇地往前飛奔，而整個社會定義人生價值的唯一標準，也就只有「財富增長的速度」一項而已。在這樣的價值觀下，有錢人就是最成功的，所以大家都不安於現狀，一心只想著永無止盡地追逐更多的財富。

在這裡聖人就說明了，人生在世，若是想要好好修身、做人，首先要學會的，便是「安住自己的神」，也就是要熱愛自己的家庭與本職工作。因為，人所要做的，唯有將自己的家庭照顧好，並將自己的本職工作做好，才是一切的前提和基礎。除了不要好高騖遠之外，也不應與他人比較，畢竟人外有人，天外有天。況且，永遠都會有比

你好的，同時也永遠都會有不如你的，永無止盡，比不完的！所以，要懂得「知足者常樂」之理，只有讓心安定下來，才能看清包含自己、家人、工作等的狀態與環境；若是安定不下來，就會如一隻無頭蒼蠅般盲目失措。

☯知止而定，等待機遇

如果想要在現實中功成名就，首先就必須讓自己安定下來。儒學經典《大學》開篇即言：

大學之道，在明明德，在親民，在止於至善。知止而後有定，定而後能靜，靜而後能安，安而後能慮，慮而後能得。物有本末，事有終始，知所先後，則近道矣。

這段內容其實就是在說明，儒學是從「止」起修！因為「知止而後有定」，所以人必須要先學會「止」，停止自身的妄想，將注意力先收回到家庭與本職工作上。等心真的收回來了，就是「知止」了，便能發現世界原來是多麼美好！

別讓自己的一顆心總往外頭飛去，整日只關注「錢」的話題，說穿了，誰發大財了？哪個企業市值幾千億？這些都和我們自身沒有半分關係，也毫無益處。或許，有人還是會感到心急，畢竟現在有那麼多人都這樣追逐金錢、累積財富，若是自己再不拚搏、努力點，不就趕不上別人

了嗎？當別人都在為錢奮進，我卻還只窩在自己的家裡安居樂業，又該怎麼實現理想呢？

　　其實，大可不必為此感到憂心！因為一切皆是取決於「機遇」。也就是說，只要做好自己當下該做的事，若是哪天風來了，你又正好站在路口，一下子就能被風吹起！人生在世，不就是這麼一回事嗎？放眼四周那些成功的人，真的都是憑自己去努力拚搏出成果的嗎？世上有那麼多努力拚搏的人，真的每一個都能夠成功嗎？

　　事實上，所有成功的人，必定有他的「機遇」。也就是說，成功者勢必有他拚搏努力、積極向上的一面，同時也必須兼顧時也、運也。畢竟，當人處於時運不濟的階段，就算發了瘋似地去努力，也絕對無法成功！甚至愈是拚命，下場只會愈是淒慘，最後落得身體敗壞、百病叢生、家破人亡的下場。

易學人生金句

人生在世，若是想要好好修身、做人，首先要學會的，便是「安住自己的神」，也就是要熱愛自己的家庭與本職工作。

第二節　透過易掌握轉運的時機

【所樂而玩者，爻之辭也。】

前面一段的內容所講述的，是要人懂得安於當下、學會止住的道理；而這一段所說明的，則是「變化」。

☯命不由人，運卻可轉

首先須釐清，句中的「樂」與「玩」各是何種含義。

樂，是一種積極向上、進取努力，但卻也不繃緊身心，反而輕鬆自適的態度。玩，字面上看來並不那麼「認真」，但這個「玩」之中其實也有「鑽研」的意思。雖然「玩」象徵的是一種「輕鬆的狀態」，但輕鬆並不代表懶怠，而是一種「樂」，即「樂此不疲」之「樂」。對某件事真正有興趣的人，全神貫注地投入其中，是不會感到疲憊的。無論過程再累、再費力，就算天天持續做著也不會疲憊，如此身處「樂在其中」的狀態，也是一種「玩」的心態。

卦位所呈現的是「序位」的概念，也就是「命」，既然命都定位在這個位置上了，人就要安住自身、安於當下；至於「爻之辭也」一句中，爻，指「六爻」，而爻主「變化」。六爻變化就是「運」，時來而運轉，時來就是

命。如果命中的機會來臨了，人就得馬上跟上，跟上了也就能「運轉」了。由此可知，「運」是掌握在自己手中的，但是「命」卻無法由人掌握。

那麼，「命」究竟由誰掌握？命中那陣能將我們高高吹起的大風何時到來？其實，這些都是起於「因果」，也就是人生生世世的業力所為，端看先前是否有積善行、造善業。正因為前面種了善因，現在才能遇到善果，這陣大風才能來將你吹起，而不是吹向其他人。但要注意，人有可能一輩子都得不到善果、遇不上這陣風！所以，一旦這風起了，就要懂得乘風而升，趕緊抓住它。而抓住風的方法，不外乎就是平日裡要勤學苦練、積極進取，隨時等待著風。

☯分辨生命中的機會或者風險

無論是誰，一生中總會出現幾次奇蹟，因為上天是公平的，人人都會有幾次翻身的機會。成功的人與普通人之間最大的不同之處，便是成功的人懂得在大風來了的時候追上風，並順應著那風去飄浮、升騰；而絕大多數的普通人，看見風來了反而會害怕被吹起來，於是便會緊緊地抱著樹幹，說什麼就是不讓風將自己吹走。沒想到，當風停歇了，發覺自己錯失了上升的良機，也只能暗自後悔了！

　　一般人在日常生活中，經常會從嘴裡說出「早知道」三個字。如股票剛上市之時，就算價錢便宜，身邊的人也不斷勸進，但我們只怕是別人巧舌如簧，所以就不敢放手買；沒想到，一陣子後果然大漲，當初縮手不敢買的人，也就錯失了一個大賺一筆的好機會了。又或者二十年前房價便宜，幾乎不用頭期款就能買到一棟好房，但有些人怕被騙，所以始終沒買；二十年後，房價大漲，這時候要買房，怕是沒準備個幾千萬就絕對買不到了！

　　「早知道當初就買股票了」、「早知道二十年前就該買房了」……看看這各種例子，最後那句惋惜的「早知道」，彷彿都在訴說著曾經有過的那些機會──曾經風也吹向過我，但是我就是不敢放手一搏、乘風而起，最終只能天天在這裡懊惱，一切都是時也、運也！

　　常人總會哀嘆「時運不濟」，而命運的所謂「濟」與「不濟」，其實不在於「外在條件」如何，而是重在人的「內在條件」如何把握。也就是說，並不是只要有一陣大風吹過來，全部的人都能飛起來。事實上，假設大風吹向一百個人，往往會有九十九個人都緊緊地抱著大樹，不肯被風吹起；而這之中只會有一個人沒去緊抱大樹，反倒是順著風讓自己高高飛起，那高升的姿態讓地上的其他九十九個人萬分欣羨，同時又懊惱不已！

學易，是為了能讓自己受益，而易確實是能對人生發揮指導作用的。如果在沒風的時候，也沒有確實地做好相應的準備，當那命運的大風來臨時，也就跟不上了！人的一生能有幾次機會呢？錯過了一次還算是情有可原，倘若是再錯過一次，那基本上這一生就再也不可能碰到了！那些成功人士之所以能夠得勢上升，就是在某個時間點立刻抓住機會，而且，那些所謂的「機會」通常看起來都不像是機會，甚至在大部分的人眼中可能還覺得是風險呢！所以，常有成功者在功成名就前被稱為瘋子、狂人，正因為他們懂得在起風時瘋狂地放手，所以才能夠被命中之風高高吹起。

☯先靜再動，順應萬變

這句「是故君子所居而安者，易之序也。所樂而玩者，爻之辭也」之意便是在說明，人應該要以知足常樂、安於當下的態度來對待「命」。但是，對待「運」時，儘管知足常樂、安於當下，但並不代表就沒有遠大的理想。爻之辭，所說的就是「變」，而「六爻之動，三極之道也」也就是變化。人在現實中要樂此不疲地去鑽研這個變化、應變之道，學會順應人生中的變化，破除心中的恐懼，才能清楚看到機會的來臨，進而跟上命中那陣大風的腳步。

　　這之中的含義是非常深刻的，一定要好好地去理解，並且反覆地、慢慢地多讀幾遍，否則也不過是「過眼」而已，終究入不了心。而這也正是經典需要反覆且不厭其煩地去讀的原因。切記，如果有時間看書，一定要看經典，因為唯有經典才能對人生起指導作用、使人受益；若是將時間都用在看綜藝節目、網路影片等聲光娛樂上頭，其實只不過是在浪費生命罷了！每一個人的時間與精力都是有限的，所以要盡量將它們都花在「有效」的事情上。

　　這一段也說明了自漢代以降，儒學之所以能成為中華主流文明體系的原因。儒學是中華文化的中流砥柱，因為儒學實實在在地將天道、地道與人道完全結合起來，且能夠落地實用在現實世界。在現實中，人應該如何去符合天與地的規律？應該怎麼去考慮問題？應該擁有什麼樣的思維模式？應該如何去做人？怎麼樣做事才能成功？這種種的問題，儒學都能解答！

　　如果將儒學學好了之後，再去學佛或學道，都會變得容易，因為它們所說的，其實都是同一回事，而佛與道的精髓也都已經鎔鑄其中！如同「知止而後有定」一句，佛法所強調的也是「止」，只是在佛法中稱為「戒」。同樣的，若是連儒學都學不好，還想去學佛或學道，就根本不可能學通。

從這段文字中，能領悟出作為一個普通人該如何安身立命，以及應該以何種狀態來安身立命。此外，也能進而理解人應該如何對待命與運。命有高低，運則有來去，運來了，可能時來運轉；運一走，則是不留下半點痕跡。「等待轉機」與「安身立命」此兩者，一個是動，一個是靜，將動與靜結合好了，就會陰陽平衡，當機會一來，就能乘風高飛了。

易學人生金句

常人總會哀嘆「時運不濟」，而命運的所謂「濟」與「不濟」，其實不在於「外在條件」如何，而是重在人的「內在條件」如何把握。

第三節　靜心沉潛，累積實力，必能乘風而起

【是故君子居則觀其象而玩其辭，動則觀其變而玩其占，是
以自天祐之，吉無不利。】

先前「是故君子所居而安者，易之序也」所講的是
卦，而卦代表的是人的命。此處「是故君子居則觀其象而
玩其辭」一句，說的則是「觀象」。

卦有卦之象，而透過對卦象的解讀，就能得知自身的
命現在處於何種狀態。晝夜是命，四季是命，我們現在的
命是處在白天還是晚上呢？是處於四季中的哪個季節呢？
做事是不是該啟動了？因為這些問題都必須透過卦象得
知，所以必須通達設卦、觀象、繫辭，否則就算知道理也
沒有用。

❷觀象是使人洞察趨勢的大智慧

「觀象」就如同人將蒙著雙眼的布條拿下一般，才能
清楚地看見眼前景象。假如睜眼一看，發現此刻是黑夜，
人就會知道這時候出去容易遇上夜間活動的猛獸，非常危
險，必須等天亮了才可以出去。此處只是一個比喻，旨在
說明人現在的命就決定著你此刻的行為。有時候雖然乍看
之下自己好像沒什麼事業，沒找到適合的工作，也千萬

別著急，只需要在家裡靜養、等待時機，因為命就正好走到了這裡。大風還沒吹來，此時就算奮力跳躍，也無法飛起，只是徒勞無功；當風吹來了，則是連跳都不用跳，憑藉著風就能飛起來了，這就是命！

所以人必須要知道卦，並且要懂得觀卦象，即是掌握天道與自己的命。如果現在是萬物成熟的秋天，那就必須飛奔出去摘果子，好讓家裡都堆得滿滿的；等到嚴冬來臨，就不愁沒有食糧了。同個道理，假如現在時機到了，國家有新政策上路、經濟好轉了，如同風起了一般，那麼我就得出去賺錢。既然知道風來了，就得站在風口上，被風高高吹起；等到這陣風過去了，國家政策開始收緊、經濟不景氣了，這時候就安穩地深藏在家裡度過嚴冬。此為「君子居則觀其象」之理，也就是說，風沒來時，人也應該要有所準備！

學易的人是有大智慧、能看到大趨勢的人，勢必深諳進退之道。知道大趨勢後，就能進退有據，該進則進，該退則退，才是智者！而即便是退守期間，在家也是「觀其象而玩其辭」，靜靜地去做準備，一旦風來了，就可以立刻全副武裝地衝出去應對。而所謂的「全副武裝」，也就是平時所做的準備。因為就算是居在家中，也不代表可以懈怠、散漫而無所作為；反而得不斷地武裝自己，並不斷

地強化自己各方面的能力，再耐心地等待機會來臨。

　　人生在世，若真能有兩三次的好機會落在身上，已是非常不容易了！只要能抓住機會，哪怕一次也好，或許就能使人從此翻身。事實上，所有功成名就的人，都是運氣使然！但是，當時來運轉的時候，一定是事先有所準備的人才能接得住招！所以，聖人在這裡所說的，是要提醒我們，在平時等待的日子裡，要居其家、安於當下，從各方面做準備，並且樂此不疲地去「玩其辭」，也就是樂此不疲地去鑽研和研究。

　　至於究竟該鑽研、研究哪個方面呢？這就有賴選擇的智慧了！此外，方向也得正確。有些人安居在家中，什麼都想玩，想做的事一籮筐，到頭來竟也不知道究竟該玩什麼了！仔細一想，之所以學易，不就是為了用在分析嗎？就算不會設卦，也不會觀象，更不會繫辭，也不懂得如何進行剛柔相推，這都沒關係！只要知道了「易之理」，就能對事物進行分析，也能去聽其他通易之人的點化。

☯下一個時代的重要趨勢

　　整個社會的大環境都在持續往前發展，人人都在關注接下來哪個領域會成為大趨勢，而所謂的大趨勢就是命中那股能讓人乘勢而起的大風！曾經「網際網路」就是一

個極大的市場，這幾十年中國的房地產交易市場也是，這一次次的大趨勢之下，總是有人能站穩風向，精準抓住機會；也總有人誤把機會當成風險，反而錯失良機。

馬雲曾預測，接下來價值萬億的大市場、大趨勢共有三個方向，即「大健康產業」、「教育產業」以及「人工智慧」。健康和教育是一定的，全球的趨勢皆是如此，而教育當中尤其重要的便是「國學教育」了！現今中華的文明與文化已經被壓縮到了極低點，接下來可能是就此沉淪、消失殆盡，也可能死灰復燃、再度爆發。我們必須相信，中華文明絕對不會就此沒落、毀滅，它一定會再度奮起，屬於中華傳統文化的時代，一定會再次到來！因為中華文化就是那股大風，正在不斷地凝聚能量，等到爆發之時，威力之強，一定堪比超大型的颱風！

關鍵就在於，當這個颱風還在醞釀、還未正式形成前，你是否已經做好準備？當這股強風襲來，你是否能準時趕上？當屬於中華文化的時代到來，相關領域的各行各業可能會突然地就興盛起來，需要大量掌握中華傳統文化底蘊的人才，能否衝出去抓住這個機會，端看平時是否有做大量而積極的準備，即「動則觀其變而玩其占」。提前做好準備，等風一來，便能立刻趕上，乘風飛起。

☯為中華文化的爆發做好準備

但是，就算為了風起做了諸多準備，若是風遲遲沒來，人還是要懂得安於當下。眼看當下沒什麼賺大錢的機會，也沒有那麼多事業上的合作項目，彷彿命中的風始終不來，這時如果胡亂行動、恣意妄為，下場必定會是一個「虧」字！風沒來，就應該安於當下，在家裡將自己的身體鍛鍊好，等風來了也就能跑得快、趕得上、飛得高了！

而安居家中時除了要多多關照家人、做好自己的分內工作之外，仍要確保自己時時刻刻都能看見並掌握未來的大趨勢，並將平時所有的時間與精力都花在迎接大趨勢的準備工作上，這就是「是以自天祐之，吉無不利」。必須認清，此處的「天」不是外求天神來保佑，而是指人的一切作為都符合天道了，就會得到天之庇佑；而作為不符合天道的，上天必定滅之、除之。也就是說，這個「天」不是人格化的神，而是「規律」。

有許多人堅持不了，問題就在於心「安不下來」！可能傳統文化學沒幾天，就感到索然無味，覺得反正當下也無法靠這門學問賺錢，導致很快就懈怠、半途而廢了。久而久之，竟也不再相信會有中華文化再次颺起的一日了。但是，假如真有一日中華文化再次席捲全球，大環境中急需各個領域的國學老師，四處都在釋出高薪職位，想聘請

那懂得傳統國學的人才，屆時，半途而廢的人根本就無法趕上風潮，只能眼巴巴地看著別人起飛而已！

　　就現今的大趨勢而言，現在明眼人都能看出「健康」與「教育」這兩個大颱風已經逐漸形成，甚至都已經快能夠釋放威力、颳起強風了呢！倘若我們還不趁現在做好準備，學易又有什麼意義呢？學易的目的，就是要對現實人生起指導作用，也就是「學以致用」。哪怕沒有得到明師的密傳，不懂設卦、不通觀象、不理解繫辭也沒關係，只要學好易之理，就能在哲學意義上知道應該如何為人處事、如何做到「安」與「止」、如何去變化和進取等。當這些觀念都建立了，就等於易已經對你的人生發揮了重大的指導作用了！

易學人生金句

就算是居在家中，也不代表可以懈怠、散漫而無所作為；反而得不斷地武裝自己，並不斷地強化自己各方面的能力，再耐心地等待機會來臨。

【後記】

學理實用兩並重，有緣能傳真功夫

學習中華文明的智慧，無論是《孝經》、《易經》，還是中華的文字、語言、文言文等，其實背後都有一個宗旨，也就是要「學以致用」！

☯理，能用才有價值

所有的「理」，只有在能「用」的時候，才真正具有價值。所以，對於中華文明的理，不能僅僅只是略知其中一二而已。因為即使知道再多的理，或是將理解讀得再通透，若是在現實中運用不了，那麼，所有的理都是空的、虛的，一切都是沒有意義的。理就如同天上的浮雲與日月星辰，看起來似乎明亮、耀眼，其實距離地球上的人類非常遙遠！而人類終究還是要腳踏大地，並且口中吃著大地所生長的東西，與大地上的其他人接觸。所以，對於人來說，理就像天上的日月星辰，唯有將理運用於現實中，才是真正的「腳踏實地」。

古今中外講述易理的人多如牛毛，彷彿任何一個稍微有點思想、見識的人，都能建構出一套自己的理論，甚至人人都覺得自己的理才是對的。如果真要辯論起來，是誰

都辯不贏誰的！那麼，我們就必須捫心自問，究竟自己所掌握的、認為是對的理，實際上到底是否正確？是否真正符合客觀規律？是否就是真諦？

而檢視理「正確與否」的標準，其實就是「是否實用」。易學之理的關鍵作用，便是能在現實中行之有效，且可以經由漫長時間與諸多事件不斷地反覆驗證。如道法、佛法與易理，舉凡這些屢試不爽且有實際作用的，才是真正顛撲不破的真理。而中華智慧的本本經典，也都是經過了千年歲月的磨練與驗證，皆未消減其價值，所以才敢說這些經典內容所講述的就是至理，值得永垂不朽！

☯真理必是愈用愈明

近年有許多人喜歡出書分享自身的經歷和感悟，認為如此便能讓別人因此受益。但是，這種類型的書籍，其內容都是些「自以為是」，甚至多數都會引人走偏！畢竟書中那些所謂的「成功經驗」其實並不全面，只不過是個人既主觀又片面的體驗罷了。況且，許多成功之人連對自己的成功之理都理解不全了，又該如何去指導他人呢？出書可不如想像中那麼簡單，因為書是要流傳千古的，內容要真的能夠引導他人。在古代，出書的目的都是為了要教化眾生，書中的一字一句都是不容出錯的，否則就可能將人帶入歧途。

　　就算長時間研究國學與修行，我也絕對不敢說要自己憑空杜撰一本書，貿然將自己所認知的世界轉化為文字而出版成書。相反的，我一定是遵循著「述而不作，信而好古」的精神，只講經典。經典裡面有什麼，就講什麼；經典裡面沒有的，絕對連一個字都不敢說。畢竟，凡人如你我，所擁有的經驗、閱歷是永遠無法與聖人相提並論的。

　　學《易經》也是如此。別去與人爭辯它的理究竟是否正確，因為理並不是靠爭辯就能得出對錯的，而是「用」出來的，也就是必須要運用於現實之中，看它是否真的能夠替人解決問題。真正的理，必定是愈用愈明的！

　　但是，假使現在學了《易經》、《孝經》的理，就能馬上讓人生幸福、立刻改變現狀了嗎？不是這樣的！如果只要學了理，就可以改變整個人生，那這個世界上各個研究國學的老師或專家們，不就全都擁有圓滿人生了嗎？事實上，那些天天讀書的人，可能徹頭徹尾都沒有什麼改變，反而愈是讀書「所知障」愈重，不正確的知見也就愈深。況且，他們所認定的都是死理，旁人是理解不了的。

　　讀書所能改變的，只是人的「意識」而已。畢竟人的生命本來也不是由意識所主宰的，所以光是改變了意識，仍舊改變不了命運。

　　「心」才是命運的主宰，這個真理必須先透過讀經典、學經典才能知曉。知道一切為心所造之後，便要學習

如何「觀心」，也就是向內觀照到我們自身的內心後，進而去調整它。而做到「調心」之後，命運才會有所改變。

至於該如何觀心？又該如何調心？怎麼能確定自己的心是圓滿的還是有漏的？如何將有漏之心調整成無漏之心？這諸多問題的解法，都無法在書裡找到！就算是那大慈大悲的聖人孔子，在〈繫辭傳〉、〈說卦傳〉裡，也沒有詳細載明調心的方法，就算有，那也就只是一個名詞罷了，根本不知從何用起。

若不去調心，心就不會變；若心不變，命運就不可能會改變。但是，調心並非易事，就算學了理也仍然不足以改變心。

☯自助助人的實用學問

當然，學習這套智慧體系時，理肯定也是不可或缺的。但是，不可以光顧著學理，而是必須要在現實中靈活運用。

成了入門弟子後，既已學了理，又學了觀心、識心、調心之術，那麼，自己人生中所遇到的問題，便要懂得運用所學的這套大智慧去解決。首先，必須著手去找到並認識自己的心，觀察到問題所在後，更要懂得去調整它，如此一來，才能夠「自助」。

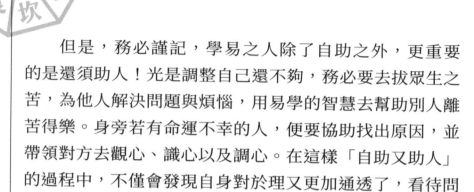

但是，務必謹記，學易之人除了自助之外，更重要的是還須助人！光是調整自己還不夠，務必要去拔眾生之苦，為他人解決問題與煩惱，用易學的智慧去幫助別人離苦得樂。身旁若有命運不幸的人，便要協助找出原因，並帶領對方去觀心、識心以及調心。在這樣「自助又助人」的過程中，不僅會發現自身對於理又更加通透了，看待問題的眼光亦能愈發精準、深入。

如果只掌握了術而不通理，就會出現占卜「時而靈驗，時而又不靈」的狀況，這都是因為人不通理而只知去用術，如此一來，不僅「術不入道」，之後還會遭到反噬！所以，一再強調，學習中華的智慧，必定是「道術合一」地去學。也就是說，「道理」與「術數」兩者一定是缺一不可的。在這之中，理可以靠自己去領悟，但術就必須要有師父指導，否則絕對不可能憑著自己的力量悟出那一整套的術，歷史上從來就沒有過這樣的人！

雖然術好教、好學而且好用，但也只是容易入門而已。要是想學得深入又透澈，這可絕對不容易。因為一切真功夫都在那細微處，若是想精準把握火候，就要在生活中點點滴滴的起用過程中，逐漸對大道之理領悟通透。

☯講述經典的各家功夫，也是一個江湖！

本書的內容，並不是針對普通人所說的，而是為了那些真正的「修行人」。所以，儘管為數不多，但若你真的是那所謂的「有緣人」，或者是已經修行到一定境界的人，對於本書的字字句句，必定都能看出一些微妙的滋味與感覺來。

正所謂「內行看門道，外行看熱鬧」，內行的東西若要展示給外行看，外行肯定是看不透也不喜歡。就像武功，一般人看到那些招式特別飄逸、瀟灑的拳法、劍術或是輕功，必定會著迷不已；但是，真正懂功夫的人就會明白，那些看似精采絕倫的招式其實全是花拳繡腿，只不過是讓普通人看熱鬧用的。

真功夫沒有花拳繡腿般的華麗套路，而都是深藏不露的。真正懂武功的人動起手來，絕對不好看，一般人甚至根本看不懂，只能看到兩個武功高手之間一來一往的交鋒；至於誰受傷了、中招了，由於受的都是內傷，外行人也就什麼都看不出來了。都說「真人不露相」，武林高手只要一露，必定就是必殺技！而必殺技一定都是如「小李飛刀」一般「只聞其名而不見其實」，因為凡是見過這個招式的人，是絕對不可能活下來轉述詳情的。

其實講經典的功夫也是一樣，裡頭就是一個江湖。這之中有花拳繡腿般只為了取悅外行人的，總是特別能譁眾取寵，能將之視為天橋下說書的，人人喜聞樂見；當然也有實打實地去講述經典的，可惜的是，對於這些沒有娛樂性的「真理」、「真東西」，眾人總是興致缺缺、愛聽不聽的，因為真東西太深奧了，讓人不願意也不敢去聽。真理就像那真功夫，不出手則已，一旦出手了，必能奪人性命！這般能殺人的真功夫，世間有幾個人敢見呢？如果光是看見就被嚇得魂飛魄散，更別說要去學了。其實經典也是一樣，要聽真功夫、真東西，除了要是有緣人，還得要有大勇氣。

在此講解易學，並不是為了娛樂，也不僅是想讓一般人聽個熱鬧而已，一切最終還是講究一個「緣」字，目的便是在於讓「有緣人」能學到真東西，並且明白宇宙的真貌與人生的真相。如「佛渡有緣」，菩薩本身就是無量大慈、同體大悲的，是否要聽祂的佛法，都是隨人意願，但就算願意聽，也不一定能聽得懂。畢竟「弟子」與「非弟子」之間必定有很大的差異。

☯為有緣人傳道的永恆使命

非弟子聽了這些理後，縱然感悟再深，也無法在現實中去使用，這就與「繡花」同個道理。高明的刺繡師父

只需要花半個小時，就能繡出一朵含苞待放、嬌豔欲滴的牡丹來。當中的關鍵必定是下針、起針、轉折、換線等動作，必須實際操作才能抓到用針的訣竅。換言之，弟子若只是豎起耳朵聽師父說明步驟、講解刺繡的理，就算聽得再怎麼仔細，也是不入心的！

如何能將牡丹繡出活靈活現的樣子？其中都有密傳的術。學易或者任何一門技術都一樣，一定得靠師父手把手地教。光是學那些外顯的理，也就只是學到一個「形」罷了，精髓之處就在於，如何去把握那點密傳的關鍵處，才是學到真正的精華。

就像以前北京有個泥人張，捏泥人的技巧非常高超，且一定都是在眾人面前捏，一切都開誠布公。雖然泥人張所有的步驟或手法，乍看之下都跟其他人沒有兩樣，但是，神妙之處便在於那最後一刻的「畫龍點睛之筆」！在眾人覺得索然無味的時刻，泥人張趁旁人不察，再出手快速一捏——沒想到，轉瞬間就將原本死板、空有外形的泥人給「捏活」了，彷彿突然有了神靈。這樣高超的技法，若是他不傳你，你就永遠都不會知道；同理，只要經他一傳，這技法就會變得非常簡單，接著再經由長時間苦練，你勢必也能捏出與泥人張一般活靈活現的泥人。

因為各自的目標不同，所以就算同樣都是在講述經

典，我所講的內容，就是和其他人不一樣。本書所講的經典，其實都以「實用於修行」為目的，是為了讓人學了這些經典之後，轉變看待宇宙中萬事萬物的角度，看得更深入、更透澈，且更接近真相，使得心靈能昇華到更加圓滿的境界。這便是我的使命！我所傳授的這套智慧體系，不是為了給人娛樂的，更不是要去譁眾取寵的，一切只為等待那「有緣人」翻開此書，讓真功夫流傳下去。

277

【後記】 學理實用兩並重，有緣能傳真功夫

明公啟示錄

明公啟示錄：范明公易經開講 ②
——從孔子《周易‧繫辭傳》學習智慧超前布署

作者／范明公
出版贊助／費向克、郭建琳
主編／初八
文字編輯／周瑾臻
執行編輯／李寶怡
封面及版型設計／廖又頤
美術編輯／廖又頤
企畫選書人／賈俊國

總編輯／賈俊國
副總編輯／蘇士尹
編輯／高懿萩
行銷企畫／張莉滎、蕭羽猜、黃欣

發　行　人／何飛鵬
法 律 顧 問／元禾法律事務所王子文律師
出　　　版／布克文化出版事業部
　　　　　　台北市中山區民生東路二段 141 號 8 樓
　　　　　　電話：(02)2500-7008　傳真：(02)2502-7676
　　　　　　Email：sbooker.service@cite.com.tw
發　　　行／英屬蓋曼群島商家庭傳媒股份有限公司城邦分公司
　　　　　　台北市中山區民生東路二段 141 號 2 樓
　　　　　　書虫客服服務專線：(02)2500-7718；2500-7719
　　　　　　24 小時傳真專線：(02)2500-1990；2500-1991
　　　　　　劃撥帳號：19863813；戶名：書虫股份有限公司
　　　　　　讀者服務信箱：service@readingclub.com.tw
香港發行所／　城邦(香港)出版集團有限公司
　　　　　　香港灣仔駱克道 193 號東超商業中心 1 樓
　　　　　　電話：+852-2508-6231　傳真：+852-2578-9337
　　　　　　Email：hkcite@biznetvigator.com
馬新發行所／　城邦(馬新)出版集團 Cité (M) Sdn. Bhd.
　　　　　　41, Jalan Radin Anum, Bandar Baru Sri Petaling,
　　　　　　57000 Kuala Lumpur, Malaysia
　　　　　　電話：+603-9057-8822　傳真：+603-9057-6622
　　　　　　Email：cite@cite.com.my
印　　　刷／韋懋實業有限公司
初　　　版／2021 年 10 月
定　　　價／新台幣 300 元
ISBN ／ 978-986-0796-41-4
EISBN ／ 978-986-0796-43-8(EPUB)

城邦讀書花園
www.cite.com.tw

布克文化
WWW.SBOOKER.COM.TW